全国职业培训推荐教材
人力资源和社会保障部教材办公室评审通过
适合于职业技能短期培训使用

钢筋加工基本技能

主　编　张艳斌

副主编　刘文洋

中国劳动社会保障出版社

图书在版编目(CIP)数据

钢筋加工基本技能/张艳斌主编. —北京：中国劳动社会保障出版社，2010

职业技能短期培训教材

ISBN 978-7-5045-8204-1

Ⅰ. 钢… Ⅱ. 张… Ⅲ. 钢筋-金属加工-技术培训-教材 Ⅳ. TU755.3

中国版本图书馆 CIP 数据核字(2010)第 026751 号

中国劳动社会保障出版社出版发行

（北京市惠新东街 1 号 邮政编码：100029）

出 版 人：张梦欣

*

北京金明盛印刷有限公司印刷装订 新华书店经销

850 毫米×1168 毫米 32 开本 4.25 印张 103 千字

2010 年 2 月第 1 版 2010 年 2 月第 1 次印刷

定价：9.00 元

读者服务部电话：010 - 64929211

发行部电话：010 - 64927085

出版社网址：http：//www.class.com.cn

前言

人力资源和社会保障部出台了组织实施专项职业能力考核的有关文件。所谓专项职业能力，即一个可就业的最小技能单元，其适用范围小于“职业”。一个专项职业能力构成一个独立的培训项目，与传统的培训相比，专项职业能力培训的目标直接定位于具体的岗位或工位，培训针对性更强，内容更细化。学员希望从事哪一个岗位的工作，就参加相应的专项职业能力培训。这样的培训，时间短、效率高，既有利于培训机构根据市场需求灵活制定培训计划并开展培训，也有利于学员根据自身情况选择培训项目，以达到上岗和职业技能提升的要求。

针对这一新的培训类型，我们会同中国劳动社会保障出版社组织编写了适合各级各类职业学校、职业培训机构开展专项职业能力考核培训使用的教材。在教材编写过程中，我们始终坚持以职业活动为导向、职业技能为核心的指导思想，根据国家专项职业能力考核规范的要求，确定每本教材的知识点和技能点，力求反映岗位的实际工作环境、工作流程和工作要求。教材以技能操作为主线，用图文相结合的方式，通过实例，一步步地介绍各项操作技能，便于学员理解和对照操作。通过学习，学员能够掌握岗位要求的操作技能，取得专项职业能力证书，从而顺利实现上岗或职业技能提升。

由于编写专项职业能力考核培训教材是一项新的工作，需要在实践中不断探索，教材中会存在不足之处，希望培训教师和学员提出宝贵意见，以便适时修改，使其趋于完善。

人力资源和社会保障部教材办公室

简介

本书主要内容包括：钢材的性能、钢筋的加工、钢筋的冷加工、钢筋的连接、预应力钢筋加工以及钢筋工程质量与施工安全知识。通过学习本书，学员可以掌握钢筋加工的基本技能。

本书针对行业需求，以就业为导向、以能力为本位、以学员为中心，重点培养学员的职业操作能力。在编写过程中，力求做到图文并茂，通俗易懂，便于学员培训与掌握。

本书由张艳斌主编，刘文洋副主编，王孝辉、王新顺参编，张红、张国忠主审。

目录

第一单元　钢材的性能

学习要求：

- 了解钢筋、钢丝和钢绞线的力学性能与工艺性能
- 掌握钢筋、钢丝和钢绞线的质量要求
- 了解钢筋的验收和保管
- 了解钢筋混凝土结构的构造要求

建筑中的钢筋混凝土结构有框架结构、框架剪力墙结构和筒式结构等。这些结构都是由不同形状、不同受力状态的板、梁、柱、墙、基础、屋架等构件组成的。由于构件的受力情况不同，钢筋所处构件部位不同，钢筋可分为受拉钢筋、受压钢筋、弯起钢筋、分布钢筋、架立钢筋、箍筋六种。前三种主要是按设计荷载计算而配置的，统称为受力钢筋（也叫主筋）；后三种主要是按构造要求设置的，统称为构造钢筋。

受拉钢筋：配置在构件受拉区的钢筋叫受拉钢筋。简支梁、板的受拉钢筋放在梁和板的下部，而悬臂梁、板的受拉钢筋则放在梁和板的上部。屋架放在屋梁的下弦和受拉腹杆中（与圈梁相同）。圆筒仓、池壁设在绕圆筒仓、池壁的四周外部。

受压钢筋：一般来说，钢筋在构件中主要是承受拉力的，但为了减轻构件的自重，往往使构件的断面尽量减小，而配置和混凝土共同工作的钢筋承担构件中的压力，这种钢筋叫做受压钢筋。如钢筋混凝土轴心受压柱、屋架受压的腹杆、桩基等配置的钢筋。

弯起钢筋：在一根梁中，为了抵抗支座端部由于受弯和受剪

而产生的斜向拉力，将梁底一部分受力钢筋的两端按一定位置向上斜弯，并伸入梁的支座上部，用以承担支座附近的斜向拉力，这种钢筋叫弯起钢筋。在连续梁、板过支座处，也常设有类似的弯起钢筋。

分布钢筋：分布钢筋一般用在墙、板或环向构件中，主要是为了固定受力钢筋的位置，并将外部集中荷载均匀地传递给受力钢筋，同时还有抵抗混凝土凝固时收缩及温度变化时产生的拉力的作用，所以又称为温度钢筋（也叫副筋）。

架立钢筋：它是配置在简支梁上面的两根钢筋或较高的矩形梁腰部的钢筋，主要是为了使下面的受力钢筋和箍筋保持正确位置，使之形成一个整体钢筋骨架，所以叫做架立钢筋。

箍筋：在梁、柱、屋架等大部分构件中，都必须配置箍筋。箍筋主要是固定受力钢筋的位置，使之形成坚固的骨架，在浇捣混凝土时，使受力钢筋不致移位。在单梁中，箍筋还可以承受部分剪力和扭矩。箍筋有开口式和闭口式两种。闭口式是常用的形式，而开口式主要用于单筋梁中。有受压钢筋和承受扭矩的梁必须采用闭口式箍筋。当单个箍筋用在构件的一个截面时，称为双肢箍。当构件的截面很宽，需要两个箍筋拼在一起使用时，则称为四肢箍。在焊接骨架中，各肢箍筋都是独立的，因此有单肢箍、双肢箍、三肢箍。在圆形截面构件中有圆形箍筋，但一般为螺旋形箍筋。此外，还有腰筋、吊筋、锚固筋等。

模块一　钢筋的性能

钢筋的品种有钢筋混凝土用热轧光圆钢筋、热轧带肋钢筋、冷轧带肋钢筋、冷轧扭钢筋，以及预应力混凝土用热处理钢筋等。

一、热轧光圆钢筋

热轧光圆钢筋是指经热轧成形并自然冷却的成品光圆钢筋，呈直条状。热轧光圆钢筋牌号为 HPB235（Ⅰ级），强度等级代号为 Q235，钢筋的公称直径范围为 8～20 mm。热轧光圆钢筋的公称横截面面积与公称质量见表 1—1。

表 1—1　热轧光圆钢筋的公称横截面面积与公称质量

公称直径（mm）	公称横截面面积（mm^2）	公称质量（kg/m）
8	50.27	0.395
10	78.54	0.617
12	113.10	0.888
14	153.90	1.210
16	201.10	1.580
18	254.50	2.000
20	314.20	2.470

热轧光圆钢筋的力学性能、工艺性能应符合表 1—2 的规定，冷弯试验时受弯曲部位外表面不得产生裂纹。

表 1—2　热轧光圆钢筋的力学性能与工艺性能

表面形状	钢筋牌号	强度等级代号	公称直径（mm）	屈服强度① R_{eL}（MPa）	抗拉强度② R_m（MPa）	断后伸长率③ A（%）	冷弯④
光圆	HPB235	Q235	8～20	235	370	25	180° $d=a$

注：d——弯心直径，a——钢筋公称直径。

①屈服强度：当金属材料呈现屈服现象时，在试验期间发生塑性变形而力不增加的应力点。屈服强度分为上屈服强度 R_{eH} 和下屈服强度 R_{eL}。在金属材料中，一般用下屈服强度代表屈服强度。屈服强度旧国家标准符号为 σ_s。

②抗拉强度：材料在拉力作用下断裂前所能承受的最大应力值，旧国家标准符号为 σ_b。

③断后伸长率：指在试样拉断后，标距的伸长量与原始标距之比的百分率（%），旧国家标准符号为 δ。

④冷弯：在常温下进行弯曲。

热轧光圆钢筋表面质量要求：

1. 钢筋表面不得有裂纹、结疤和折叠。

2. 钢筋表面凸块和其他缺陷的深度与高度不得大于所在部位尺寸的允许偏差。

热轧光圆钢筋检查和验收：钢筋应按批进行检查和验收，每批质量不大于 60 t，应由同一牌号、同一炉罐号、同一规格、同一交货状态的钢筋组成。检验项目有化学成分、拉伸、冷弯、尺寸、表面质量及质量偏差等。

二、热轧带肋钢筋

热轧带肋钢筋是指经热轧成形并自然冷却的成品带肋钢筋。其横截面通常为圆形，且表面通常带有两条纵肋和沿长度方向均匀分布的横肋。

热轧带肋钢筋牌号有 HRB335、HRB400、RRB400。钢筋的公称直径范围为 6～50 mm。热轧带肋钢筋的公称横截面面积与理论质量见表 1—3。

表 1—3　热轧带肋钢筋的公称横截面面积与理论质量

公称直径 (mm)	公称横截面面积 (mm^2)	理论质量 (kg/m)	公称直径 (mm)	公称横截面面积 (mm^2)	理论质量 (kg/m)
6	28.27	0.222	22	380.1	2.98
8	50.27	0.395	25	490.9	3.85
10	78.54	0.617	28	615.8	4.83
12	113.1	0.888	32	804.2	6.31
14	153.9	1.21	36	1 018	7.99
16	201.1	1.58	40	1 257	9.87
18	254.5	2.00	50	1 964	15.42
20	314.2	2.47			

热轧带肋钢筋采用月牙肋表面形状时，其形状如图 1—1 所示。

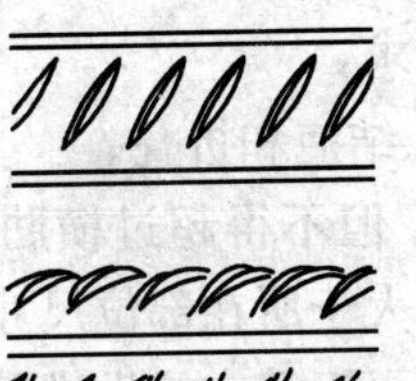 

图 1—1 月牙肋钢筋表面形状

热轧带肋钢筋的力学性能应符合表 1—4 的规定。

表 1—4 热轧带肋钢筋的力学性能

钢筋牌号	公称直径（mm）	屈服强度 R_{eL}（MPa）	抗拉强度 R_m（MPa）	伸长率 A（%）
HRB335	6～25 28～50	335	490	16
HRB400	6～25 28～50	400	570	14
RRB400	6～25 28～50	500	630	12

热轧带肋钢筋的弯曲性能按表 1—5 规定的弯心直径弯曲 180°后，钢筋弯曲部位表面不得产生裂纹。

表 1—5 热轧带肋钢筋弯曲性能

钢筋级别	公称直径 a（mm）	弯曲实验弯心直径
HRB335	6～20 28～50	$3a$ $4a$
HRB400	6～20 28～50	$4a$ $5a$
RRB400	6～20 28～50	$6a$ $7a$

热轧带肋钢筋表面质量要求：

1. 钢筋表面不得有裂纹、结疤和折叠。

2. 钢筋表面允许有凸块，但不得超过横肋的高度。钢筋表面其他缺陷的深度和高度不得大于所在部位尺寸的允许偏差。

热轧带肋钢筋检查和验收：钢筋应按批进行检查和验收，每批质量不大于 60 t，应由同一牌号、同一炉罐号、同一规格的钢筋组成。检验项目有化学成分、拉伸、弯曲、反复弯曲、应力松弛（材料在恒定应变下，应力随着时间的变化而减小至某个有限值，这一过程称为应力松弛）、尺寸、表面质量及质量偏差等。

三、冷轧带肋钢筋

冷轧带肋钢筋是指热轧圆盘条经冷轧后，在其表面带有沿长度方向均匀分布的三面或二面横肋的钢筋。

冷轧带肋钢筋牌号有 CRB550、CRB650、CRB800、CRB970、CRB1170，其中 CRB550 为钢筋混凝土用钢筋，其他为预应力混凝土用钢筋。

CRB550 钢筋的公称直径范围为 4～12 mm，CRB650 及以上牌号钢筋的公称直径为 4 mm、5 mm、6 mm。

冷轧带肋钢筋采用三面肋表面形状时，其外形如图 1—2 所示；采用二面肋表面形状时，其外形如图 1—3 所示。

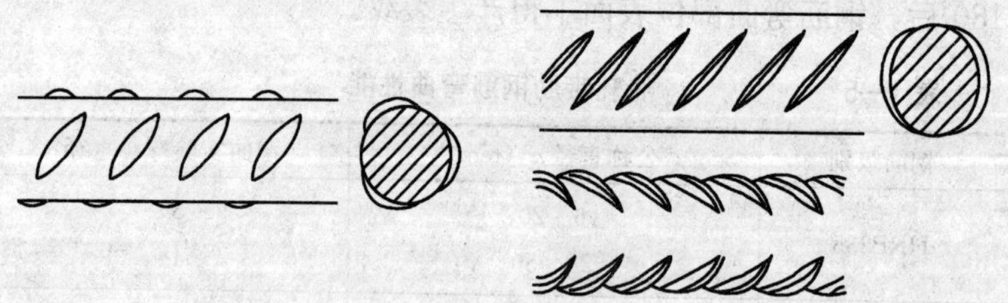

图 1—2　三面肋钢筋表面形状　　图 1—3　二面肋钢筋表面形状

冷轧带肋钢筋的公称横截面面积与理论质量见表 1—6。

冷轧带肋钢筋的力学性能和工艺性能应符合表 1—7 的规定。

表 1—6　冷轧带肋钢筋的公称横截面面积与理论质量

公称直径（mm）	公称横截面面积（mm^2）	理论质量（kg/m）	公称直径（mm）	公称横截面面积（mm^2）	理论质量（kg/m）
4	12.6	0.099	8.5	56.7	0.445
4.5	15.9	0.125	9	63.6	0.499
5	19.6	0.154	9.5	70.8	0.556
5.5	23.7	0.186	10	78.5	0.617
6	28.3	0.222	10.5	86.5	0.679
6.5	33.2	0.261	11	95.0	0.746
7	38.5	0.302	11.5	103.8	0.815
7.5	44.2	0.347	12	113.1	0.888
8	50.3	0.395			

表 1—7　冷轧带肋钢筋的力学性能和工艺性能

牌号	抗拉强度 R_m（MPa）不小于	断后伸长率（%）不小于		弯曲试验 180°	反复弯曲次数	松弛率 初始应力＝$0.7R_m$	
		$A_{11.3}$	A_{100}			1 000 h（%）不大于	10 h（%）不大于
CRB550	550	8.0	—	$D=3d$	—	—	—
CRB650	650	—	4.0	—	3	8	5
CRB800	800	—	4.0	—	3	8	5
CRB970	970	7	4.0	—	3	8	5
CRB1170	1 170	—	4.0	—	3	8	5

注：D 为弯心直径，d 为钢筋公称直径。

当进行弯曲试验时，弯曲部位表面不得产生裂纹，反复弯曲试验的弯曲半径应符合表 1—8 的规定。

表 1—8　　反复弯曲试验的弯曲半径　　mm

钢筋公称直径	4	5	6
弯心半径	10	15	15

冷轧带肋钢筋表面质量要求：

1. 钢筋表面不得有裂纹、结疤、油污及其他影响使用的缺陷。

2. 钢筋表面可有浮锈，但不得有锈皮及目视可见的麻坑等腐蚀现象。

冷轧带肋钢筋检查和验收：钢筋应按批进行检查和验收，每批应由同一牌号、同一外形、同一规格、同一生产工艺和同一交货状态的钢筋组成，每批质量不大于 60 t。检验项目有拉伸、弯曲、反复弯曲、应力松弛、尺寸、表面质量及质量偏差等。

四、冷轧扭钢筋

冷轧扭钢筋是指低碳钢热轧圆盘条经专用钢筋冷轧扭机调直、冷轧并冷扭一次成形，具有规定截面形状和节距的连续螺旋状钢筋，按其截面形状分为Ⅰ型（矩形截面）和Ⅱ型（菱形截面），如图 1—4 所示。

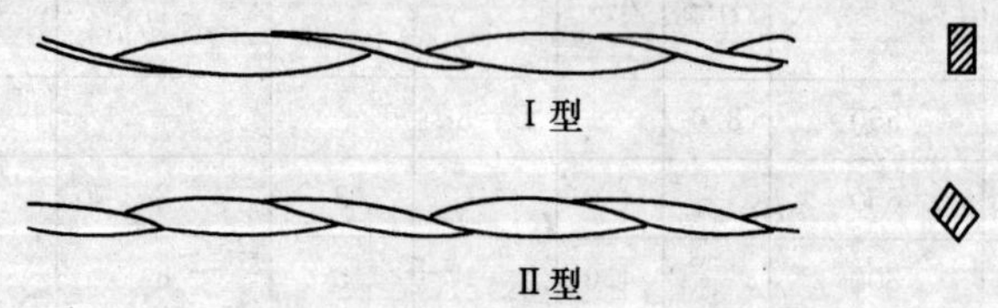

图 1—4　冷轧扭钢筋外形及截面形状

冷轧扭钢筋的轧扁厚度（冷轧扭钢筋成形后矩形截面较小边尺寸或菱形截面短向对角线尺寸）、节距应符合表 1—9 的规定，公称横截面面积与公称质量应符合表 1—10 的规定，力学性能应符合表 1—11 的规定。

表 1—9　冷轧扭钢筋的轧扁厚度和节距

类型	标志直径 d（mm）	轧扁厚度 t（mm）不小于	节距 l（mm）不大于
Ⅰ型	6.5	3.7	75
	8	4.2	95
	10	5.3	110
	12	6.2	150
	14	8.0	170
Ⅱ型	12	8.0	145

表 1—10　冷轧扭钢筋的公称横截面面积与公称质量

类型	标志直径（mm）	公称横截面面积（mm^2）	公称质量（kg/m）
Ⅰ型	6.5	29.5	0.232
	8	45.3	0.356
	10	68.3	0.536
	12	93.3	0.733
	14	132.7	1.042
Ⅱ型	12	97.8	0.768

表 1—11　冷轧扭钢筋的力学性能

抗拉强度 R_m（MPa）	断后伸长率 $A_{11.3}$（%）	冷弯 180° $D=3d$
≥580	≥4.5	弯曲部位表面不得产生裂纹

冷轧扭钢筋表面质量要求：钢筋表面不应有影响钢筋力学性能的裂纹、折叠、结疤、压痕、机械损伤或其他影响使用的缺陷。

冷轧扭钢筋检查和验收：钢筋应按批进行检查和验收，每批应由同一牌号、同一规格尺寸、同一台轧机、同一台班的钢筋组成，且每批质量不大于 10 t，不足 10 t 按一批计。检验项目有外观质量、轧扁厚度、节距、定尺长度、质量、化学成分、拉伸及冷弯等。

五、预应力混凝土用热处理钢筋

热处理钢筋是用热轧的螺纹钢筋经淬火和回火的调质热处理而成的。热处理钢筋按其螺纹外形分为有纵肋和无纵肋两种。有纵肋热处理钢筋的外形如图 1—5 所示，无纵肋热处理钢筋的外形如图 1—6 所示。

图 1—5　有纵肋热处理钢筋外形

图 1—6　无纵肋热处理钢筋外形

热处理钢筋的公称直径有 6 mm、8.2 mm、10 mm。热处理钢筋的力学性能见表 1—12。

表 1—12　**热处理钢筋的力学性能**

公称直径 (mm)	牌号	屈服强度 R_{eL} (MPa)	抗拉强度 R_m (MPa)	断后伸长率 $A_{11.3}$ (%)
		不小于		
6	40Si2Mn	1 325	1 470	6
8.2	48Si2Mn			
10	45Si2Cr			

热处理钢筋表面质量要求：

1. 钢筋表面不得有肉眼可见的裂纹、结疤、折叠。钢筋表面允许有凸块，但不得超过横肋的高度。钢筋表面允许有不影响使用的缺陷。

2. 钢筋端部应切割平直。

3. 钢筋在制造过程中，除端部外，应使钢筋不受到切割火花或其他方式造成的局部加热影响。

热处理钢筋检查和验收：热处理钢筋应按批进行检查和验收，每批由同一外形截面尺寸、同一热处理工艺制度和同一炉罐的钢筋组成。每批质量不大于 60 t。检验项目有屈服强度、抗拉强度、伸长率、表面质量及尺寸偏差等。

模块二　钢丝的性能

钢丝的品种有低碳钢丝、预应力混凝土用钢丝、预应力混凝土用低合金钢丝等。

一、低碳钢丝

低碳钢丝按交货状态分为冷拉钢丝、镀锌钢丝；按用途分为普通用钢丝、制钉用钢丝、建筑用钢丝。建筑用钢丝的直径为 2.5～6 mm。建筑用钢丝的力学性能和工艺性能见表 1—13。

表 1—13　　建筑用钢丝的力学性能和工艺性能

公称直径（mm）	抗拉强度 R_m（MPa）	断后伸长率 $A_{11.3}$（%）	冷弯 180° $D=3d$
2.5～3.5	≥550	≥4	≥2
3.5～5.0			
5.0～6.0			

低碳钢丝表面质量要求：

1. 镀锌钢丝表面不得有未镀锌的部位，表面应呈现基本一致的金属光泽。

2. 冷拉普通用钢丝、制钉用钢丝、建筑用钢丝表面不得有裂纹、斑疤、折叠、竹节及明显的纵向拉痕，且钢丝出厂时表面不得有锈。

3. 退火钢丝表面允许有氧化膜。

低碳钢丝检查和验收：钢丝应按批进行检查和验收，每批应由同一尺寸、同一锌层级别、同一交货状态的钢丝组成。检验项目有拉伸和打结拉伸、反复弯曲、尺寸及表面质量等。

二、预应力混凝土用钢丝

预应力混凝土用钢丝按加工状态分为冷拉钢丝和消除应力钢丝两类。消除应力钢丝按松弛性能又分为低松弛级钢丝和普通松弛级钢丝。

预应力混凝土用钢丝按外形分为光圆、螺旋肋、刻痕三种。螺旋肋钢丝表面沿着长度方向有规则间隔的肋条（见图 1—7）。刻痕钢丝表面沿着长度方向有规则间隔的压痕（见图 1—8）。

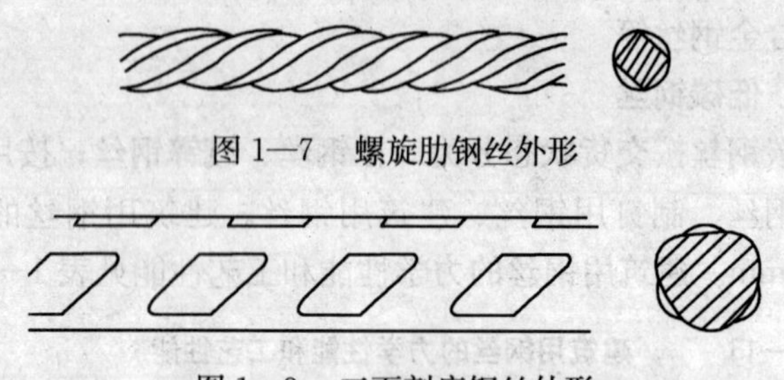

图 1—7　螺旋肋钢丝外形

图 1—8　三面刻痕钢丝外形

光圆钢丝公称直径为 3.0～12.0 mm。螺旋肋钢丝公称直径为 4.0～10.0 mm。光圆钢丝的公称横截面面积与公称质量见表 1—14。

表 1—14　光圆钢丝的公称横截面面积与公称质量

公称直径（mm）	公称横截面面积（mm^2）	公称质量（kg/m）
3.0	7.07	0.055
4.0	12.57	0.099
5.0	19.63	0.154

续表

公称直径（mm）	公称横截面面积（mm^2）	公称质量（kg/m）
6.0	28.27	0.222
6.25	30.68	0.241
7.0	38.48	0.302
8.0	50.26	0.394
9.0	63.62	0.499
10.0	78.54	0.617
12.0	113.10	0.888

螺旋肋钢丝、刻痕钢丝的横截面面积和公称质量与光圆钢丝相同。

冷拉钢丝的力学性能和工艺性能应符合表 1—15 的规定。

表 1—15　　冷拉钢丝的力学性能和工艺性能

<table>
<tr><th>公称直径
（mm）</th><th>抗拉强度 R_m
（MPa）
不小于</th><th>断后伸长率
（标距 200 mm）
（%）不小于</th><th>冷弯次数 180°
不小于</th><th>弯曲半径
（mm）</th></tr>
<tr><td>3.0</td><td rowspan="3">1 470
1 570
1 670
1 770</td><td rowspan="3">1.5</td><td rowspan="3">≥4</td><td>7.5</td></tr>
<tr><td>4.0</td><td>10</td></tr>
<tr><td>5.0</td><td>15</td></tr>
<tr><td>6.0</td><td rowspan="3">1 470
1 570
1 670
1 770</td><td rowspan="3">1.5</td><td rowspan="3">≥5</td><td>15</td></tr>
<tr><td>7.0</td><td>20</td></tr>
<tr><td>8.0</td><td>20</td></tr>
</table>

消除应力光圆钢丝及螺旋肋钢丝的力学性能和工艺性能应符合表 1—16 的规定。

表 1—16　　消除应力光圆钢丝及螺旋肋钢丝的力学性能和工艺性能

公称直径 (mm)	抗拉强度 R_m (MPa) 不小于	断后伸长率 (标距 200 mm) (%) 不小于	冷弯次数 180° 不小于	弯曲半径 (mm)
4.0	1 470 1 570 1 670 1 770 1 860	3.5	3	10
4.8			4	15
5.0			4	15
6.0	1 470 1 570 1 670 1 770	3.5	4	15
6.25				15
7.0				20
8.0	1 470 1 570	3.5	4	20
9.0				25
10.0	1 470	3.5	4	25
12.0				30

消除应力刻痕钢丝的力学性能和工艺性能应符合表 1—17 的规定。

表 1—17　消除应力刻痕钢丝的力学性能和工艺性能

公称直径 (mm)	抗拉强度 R_m (MPa) 不小于	断后伸长率 (标距 200 mm) (%) 不小于	冷弯次数 180° 不小于	弯曲半径 (mm)
≤5.0	1 470 1 570 1 670 1 770 1 860	3.5	3	15

续表

公称直径（mm）	抗拉强度 R_m（MPa）不小于	断后伸长率（标距 200 mm）（%）不小于	冷弯次数 180° 不小于	弯曲半径（mm）
>5.0	1 470 1 570 1 670 1 770	3.5	4	20

预应力混凝土用钢丝表面质量要求：

1. 钢丝表面不得有裂纹和油污，也不允许有影响使用的拉痕、机械损伤等。

2. 钢丝表面不得有目视可见的锈蚀斑点。

3. 钢丝表面允许存在回火颜色。

预应力钢丝检查和验收：钢丝应按批检查和验收，每批钢丝由同一牌号、同一规格、同一加工状态的钢丝组成，每批质量不大于 60 t。检验项目有抗拉强度、规定非比例伸长应力、最大力下总伸长率［测定方法可参见国家标准《钢筋混凝土用钢 第 1 部分：热轧光圆钢筋》（GB 1499.1—2008）］、弯曲、断面收缩率、应力松弛性能等。

三、预应力混凝土用低合金钢丝

低合金钢丝是用专用低合金钢盘条拔制而成。预应力混凝土用低合金钢丝按其表面形状分为光面钢丝和刻痕钢丝。光面钢丝按强度级别分为 YD800、YD1000、YD1200。刻痕钢丝按其强度级别只有 YZD1000。

预应力混凝土用低合金钢丝的公称直径为 5 mm 及 7 mm。

低合金钢丝的公称横截面面积与理论质量见表 1—18。低合金钢丝的力学性能和工艺性能应符合表 1—19 的规定。

表 1—18　低合金钢丝的公称横截面面积与理论质量

公称直径（mm）	公称横截面面积（mm^2）	理论质量（kg/m）
5.0	19.63	0.154
7.0	38.48	0.302

表 1—19　低合金钢丝的力学性能和工艺性能

公称直径（mm）	级别	抗拉强度 R_m（MPa）	断后伸长率 A_{100}（%）	反复弯曲	
				弯曲次数	弯曲半径（mm）
5.0	YD800	800	4	4	15
7.0	YD1000	1 000	3.5	4	20
7.0	YD1200	1 200	3.5	4	20

低合金钢丝表面质量要求：

1. 钢丝表面不得有裂纹、折叠、结疤、油污及其他影响力学性能的机械损伤缺陷。

2. 钢丝表面可有浮锈，但不得有锈皮及目视可见的麻坑等腐蚀现象。

低合金钢丝检查和验收：钢丝应按批进行检查和验收，每批应由同一牌号、同一炉罐号、同一规格、同一交货状态的钢丝组成。检验项目有化学成分、尺寸、表面质量、拉伸、反复弯曲及松弛等。

模块三　钢绞线的性能

钢绞线主要在预应力混凝土结构中应用，称为预应力钢绞线。

预应力钢绞线按捻制结构分为：用 2 根钢丝捻制的钢绞线——1×2 结构，用 3 根钢丝捻制的钢绞线——1×3 结构，用 7 根钢丝捻制的钢绞线——1×7 结构。

预应力钢绞线按其应力松弛性能分为Ⅰ级松弛和Ⅱ级松弛。预应力钢绞线的公称直径、公称横截面面积与理论质量见表1—20。

表1—20　钢绞线的公称直径、公称横截面面积与理论质量

钢绞线结构	公称直径（mm）		公称横截面面积（mm^2）	理论质量（kg/m）
	钢绞线	钢丝		
1×2	10.0	5.0	39.5	0.310
	12.0	6.0	56.9	0.447
1×3	10.8	5.0	59.3	0.465
	12.9	6.0	85.4	0.671
1×7标准型	9.5	3.16	54.8	0.432
	11.1	3.70	74.2	0.580
	12.7	4.23	98.7	0.774
	15.2	5.06	139.0	0.101
1×7模拔型	12.7	4.23	112.0	0.890
	15.2	5.06	165.0	1.295

预应力钢绞线的力学性能应符合表1—21的规定。

表1—21　预应力钢绞线的力学性能

钢绞线结构	公称直径（mm）	强度级别	最大负荷（kN）	屈服负荷（kN）	伸长率（%）
1×2	10.0	1 720	67.9	57.7	3.5
	12.0		97.9	83.2	
1×3	10.8		102	86.7	3.5
	12.9		147	125	
1×7标准型	9.5	1 860	102	86.6	3.5
	11.1	1 860	138	117	
	12.7	1 860	184	156	
	15.2	1 720	239	203	
		1 860	259	220	
1×7模拔型	12.7	1 860	209	178	
	15.2	1 860	300	255	

钢绞线表面质量要求：

1. 成品钢绞线的表面不得带有润滑剂、油渍等降低钢绞线与混凝土黏结力的物质。

2. 钢绞线表面允许有轻微的浮锈，但不得有锈蚀或目视可见的麻坑。

钢绞线检查和验收：钢绞线应按批进行检查和验收，每批由同一牌号、同一规格、同一生产工艺的钢绞线组成，每批质量不大于 60 t。检验项目有拉伸、最大负荷、屈服负荷、伸长率、松弛、尺寸及表面质量等。

模块四　钢筋的验收

一、钢筋进入现场（加工厂）的验收

1. 应有出厂质量证明书（试验报告单）。

2. 每捆（盘）钢筋均应有标牌。

3. 应按炉罐（批）号及直径 d 分批堆放、分批验收。

4. 应进行化学成分抽样检查。

二、钢筋的验收方式

1. 查对标牌。

2. 进行外观检查。外观检查应按前述各类钢筋的表面质量要求进行。

三、钢筋的保管

1. 钢筋在运输和储存时，不得损坏标志，并应按批分别堆放整齐，避免锈蚀或油污。

2. 堆放场地要干燥，并用方木或混凝土板等作为垫件，一般保持离地 200 mm 以上。非急用钢筋宜放在有棚盖的仓库内。

3. 钢筋必须严格分类、分级、分牌号堆放，不合格钢筋另做标记分开堆放。

4. 钢筋不要和酸、盐、油等物品放在一起，以免钢筋腐蚀。

四、钢筋检查验收规定

钢筋检查验收应按前述各类钢筋的检查和验收规定进行。

模块五　钢筋在混凝土结构中的构造要求

一、配筋的构造要求

1. 混凝土保护层

为了防止钢筋锈蚀和保证钢筋与混凝土能很好地黏结，从钢筋的外边缘至构件的外表面应有一定厚度的混凝土层，称为混凝土保护层。在施工中，混凝土保护层是由预制水泥砂浆垫块来保证的，其厚度一般在设计图样上都有标注或说明。

表 1—22 是《混凝土结构设计规范》（GB 50010—2002）规定的各种构件混凝土保护层厚度，图样没有注明保护层厚度时，可按本表查用。表 1—23 是《混凝土结构设计规范》规定的环境类别。

表 1—22　　纵向受力钢筋的混凝土保护层最小厚度　　mm

环境类别		板、墙、壳			梁			柱		
		≤C20	C25～C45	≥C50	≤C20	C25～C45	≥C50	≤C20	C25～C45	≥C50
一		20	15	15	30	25	25	30	30	30
二	A	—	20	20	—	30	30	—	30	30
	B	—	25	20	—	35	30	—	35	30
三		—	30	25	—	40	35	—	40	35

表 1—23　　混凝土结构的环境类别

环境类别	条　　件
一	室内正常环境

续表

环境类别		条　件
二	A	室内潮湿环境；非严寒和非寒冷地区的露天环境、与无侵蚀性的水或土壤直接接触的环境
	B	严寒和寒冷地区的露天环境、与无侵蚀性的水或土壤直接接触的环境
三		使用除冰盐的环境；严寒和寒冷地区冬季水位变动的环境；滨海室外环境
四		海水环境
五		受人为或自然的侵蚀性物质影响的环境

2. 钢筋接头

钢筋常用的接头形式有绑扎、焊接和机械连接。对于接头的使用范围和接头的加工有如下规定：

（1）钢筋的接头宜优先采用焊接或机械连接的接头。

（2）钢筋焊接接头的类型及质量应符合国家标准《混凝土结构工程施工质量验收规范》（GB 50204—2002）的规定。

（3）采用绑扎接头的受力钢筋，其搭接长度应符合表 1—24 的规定。

表 1—24　　钢筋绑扎接头的最小搭接长度

钢筋类型	受力情况	
	受拉	受压
Ⅰ级钢筋	$30d$	$20d$
Ⅱ级钢筋	$35d$	$25d$
Ⅲ级钢筋	$40d$	$30d$
冷拔低碳钢丝	250 mm	200 mm

注：1. d 指钢筋直径，当 d 大于 25 mm 时，不宜采用绑扎的搭接接头。

2. 受压钢筋采用Ⅰ级及冷拉Ⅰ级钢筋时，如钢筋末端无弯钩，则其搭接长度不小于 $30d$。

（4）焊接接头距离钢筋弯曲处，不应小于 10 倍钢筋直径，且不宜位于构件最大弯矩处。

（5）受力钢筋接头的位置应相互错开。在任一搭接长度区段内，有接头的受力钢筋截面面积占受力钢筋总截面面积的百分率应符合表1—25的规定。

表1—25　在搭接长度区段内受力钢筋接头截面面积的允许百分率 %

接头形式	受拉区	受压区
绑扎骨架和绑扎网中钢筋的搭接接头	25	50
焊接骨架和焊接网的搭接接头	50	50
受力钢筋的焊接接头	50	不限制
预应力钢筋的对焊接头	25	不限制

3. 钢筋的弯钩

《钢筋混凝土结构设计规范》规定，钢筋骨架中的受力光面钢筋，应在钢筋末端做弯钩，在焊接骨架、焊接网中可不做弯钩；钢筋骨架中的受力变形钢筋，在钢筋的末端可不做弯钩。

Ⅰ级钢筋末端做180°弯钩，其圆弧弯曲直径D不应小于钢筋直径的2.5倍，平直部分的长度不宜小于钢筋直径的3倍，如图1—9所示。

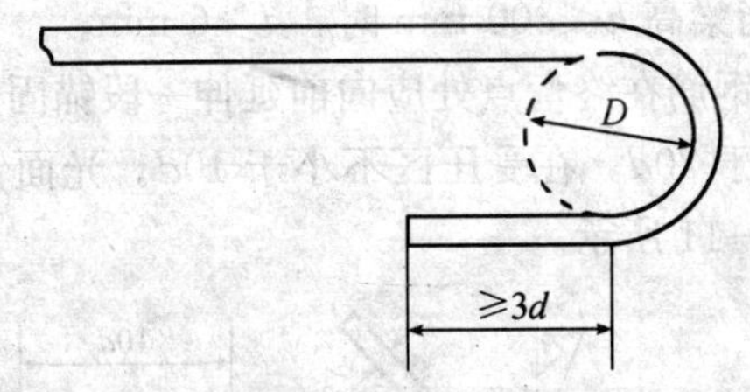

图1—9　Ⅰ级钢筋末端180°弯钩平直长度

二、钢筋混凝土结构的配筋

1. 梁的配筋

（1）为便于浇筑混凝土并保证混凝土与钢筋之间具有足够的

黏结力，梁中下部纵向受力钢筋净距不得小于 25 mm 或钢筋直径，上部纵向受力钢筋净距不得小于 30 mm 或 1.5 倍钢筋直径，如图 1—10 所示。

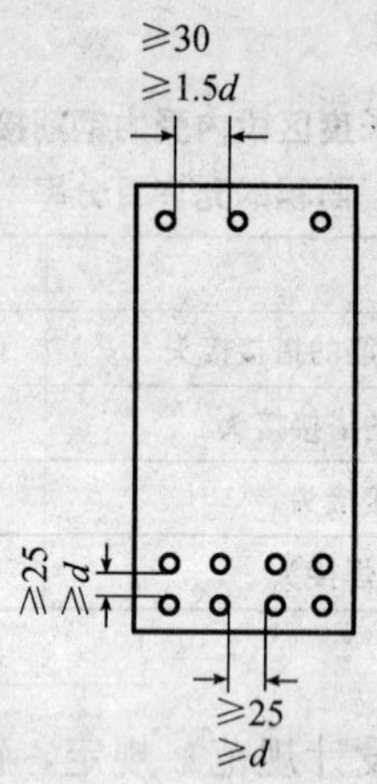

图 1—10　梁中钢筋间距的要求

（2）伸入梁支座范围内的纵向受力钢筋数量：当梁宽 $b\geqslant$ 150 mm 时，不应少于 2 根；当梁宽 $b<150$ mm 时，可为 1 根。

（3）梁内纵向受力钢筋最小直径 d：当梁高 $h\geqslant300$ mm 时，$d\geqslant10$ mm；当梁高 $h<300$ mm 时，$d\geqslant6$ mm。

（4）弯起钢筋在终弯点处应向前延伸一段锚固长度，其长度在受拉区不小于 $20d$，在受压区不小于 $10d$。光面钢筋末端应设弯钩，如图 1—11 所示。

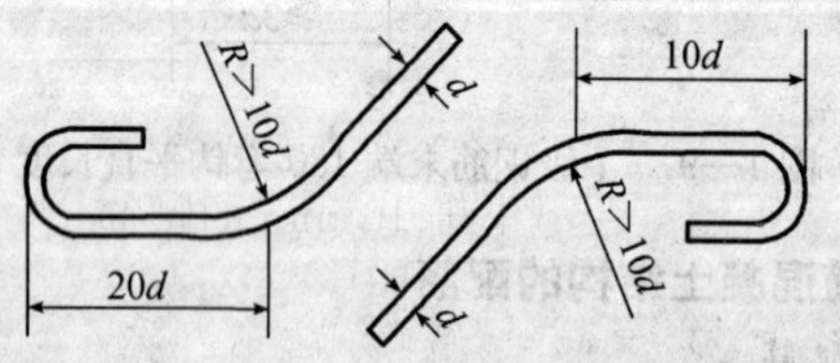

图 1—11　钢筋终弯点处的水平延伸长度

弯起钢筋弯起的角度：当 $h \leqslant 800$ mm 时，采用 45°；当 $h >$ 800 mm 时，采用 60°。

（5）梁中架立钢筋直径与梁跨度有关。当梁跨度小于 4 m 时，架立钢筋直径不宜小于 6 mm；跨度为 4～6 m 时，不宜小于 8 mm；跨度大于 6 m 时，不宜小于 10 mm。

（6）构造配箍筋：梁的高度大于 300 mm 时，沿梁全长设置箍筋；高度在 150～300 mm 时，可在构件端部各 1/4 跨度范围内设置箍筋；高度小于 150 mm 时，可不设箍筋。

（7）梁中箍筋的最大间距见表 1—26。

表 1—26　　梁中箍筋的最大间距　　mm

梁高	箍筋的间距
150～300	150～200
300～500	200～300
500～800	250～350
大于 800	300～500

（8）梁中箍筋的最小直径见表 1—27。

表 1—27　　梁中箍筋的最小直径　　mm

梁高或配筋形式	箍筋直径
$h > 800$	$d \geqslant 8$
$250 \leqslant h \leqslant 800$	$d \geqslant 6$
$h < 250$	$d \geqslant 4$
梁中配有计算受压钢筋	应不小于受压钢筋最大直径的 1/4

（9）梁高大于 700 mm 时，应在梁的两侧沿梁高每隔 300～400 mm 处各设一道直径不小于 10 mm 的腰筋，并用拉筋连接，拉筋间距取箍筋间距的 2 倍，如图 1—12 所示。

2. 板的配筋

（1）板中受力钢筋间距见表 1—28。

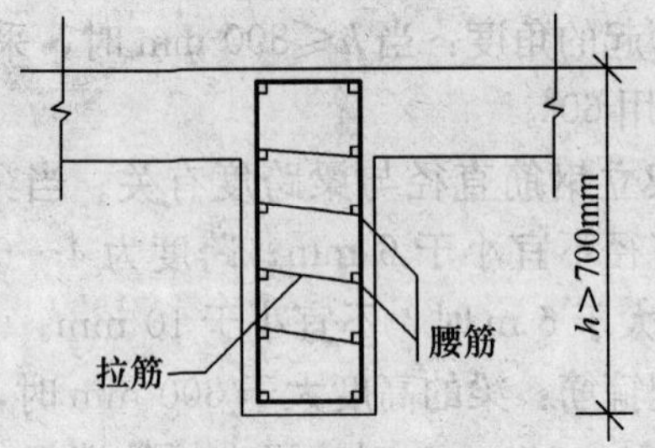

图 1—12　梁中设腰筋及拉筋示意图

表 1—28　　板中受力钢筋间距　　mm

板厚	钢筋间距
$h\leqslant150$	$\leqslant200$
$h>150$	$\leqslant1.5h$ 且$\leqslant300$

注：板中受力钢筋间距一般≥70 mm。

（2）由板中伸入支座的下部钢筋，其间距不应大于 400 mm，其截面面积不应小于跨中受力钢筋截面面积的 1/3。

（3）简支板下部纵向受力钢筋伸入支座长度，应不小于受力钢筋直径的 5 倍。

（4）板中弯起钢筋的弯起角度不宜小于 30°。

（5）单位长度的板中分布钢筋的截面面积，不应小于单位长度上受力钢筋截面面积的 10%，间距不应大于 300 mm。

3. 柱的配筋

（1）柱的纵向受力钢筋直径不宜小于 12 mm。

（2）柱中纵向受力钢筋的净距不应小于 50 mm，且钢筋不能少于 4 根。

（3）如果偏心受压柱的截面高度大于等于 600 mm，在侧面应设置直径为 10～16 mm 的纵向构造钢筋，且相应地设置附加箍筋或拉筋。

（4）柱及其他受压构件中的箍筋均应做成封闭式，箍筋间距不应大于 400 mm，也不应大于构件横截面短边的尺寸，同时在绑扎骨架中不应大于 15d，在焊接骨架中不应大于 20d。

复习思考题

1. 什么是热轧光圆钢筋?
2. 什么是热轧带肋钢筋?
3. 什么是冷轧带肋钢筋?
4. 什么是低碳钢丝? 它有哪些用途?
5. 钢筋验收的方式有哪些?
6. 怎样保管钢筋?
7. 配筋的构造要求有哪些?

第二单元 钢筋的加工

学习要求：

·掌握钢筋除锈的常用方法及操作工艺

·掌握钢筋调直常用机具设备的使用方法和钢筋调直的操作方法

·掌握钢筋切断的方法、操作要点和注意事项

·掌握钢筋弯曲的一般规定和操作方法以及常用工具设备的使用

模块一 钢筋的除锈

钢筋的除锈是钢筋加工过程中不可缺少的一项工序。由于保管不善或长时间存放，钢筋会在空气中氧化而在表面形成一层铁锈。铁锈如不及时除去，将会影响钢筋与混凝土之间的黏结，从而降低构件的承载能力。

一、钢筋除锈常用的方法

1. 手工除锈

手工除锈包括：钢丝刷除锈，即用钢丝刷在钢筋表面来回刷动；砂盘除锈，即用砂盘中心的砂子摩擦钢筋表面（见图 2—1）。

2. 机械除锈

对于直径较细的盘条钢筋，在钢筋调直或冷拉过程中可同时达到除锈的目的；而粗钢筋则要采用电动除锈机除锈或圆盘钢丝

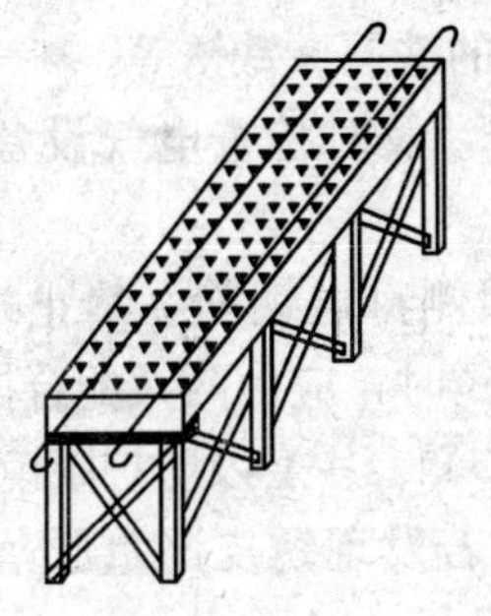

图 2—1　砂盘除锈示意图

刷除锈机除锈。除锈机有固定式和移动式两种，它是由动力机构带动圆盘钢丝刷高速旋转来清除钢筋上的铁锈的，如图 2—2 所示。

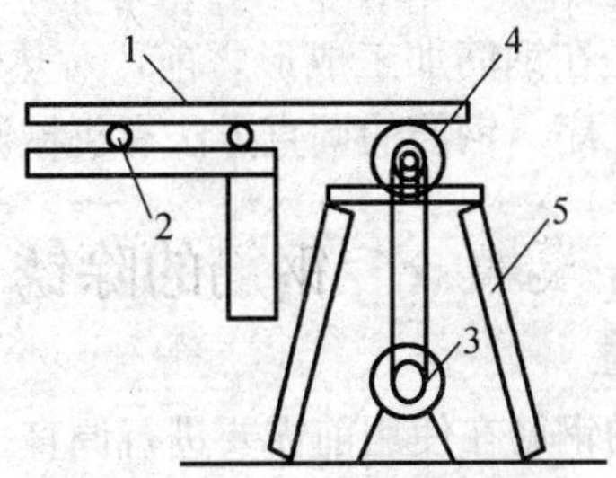

图 2—2　固定式钢筋除锈机

1—钢筋　2—滚轴　3—电动机　4—圆盘钢丝刷　5—机架

3. 酸洗除锈

当钢筋需要进行冷拔加工时，要用酸洗法除锈。酸洗法除锈是将钢筋放入硫酸或盐酸溶液中，利用化学反应除锈。但在酸洗除锈前通常先进行机械除锈，这样可缩短 50％的酸洗时间，节约 80％以上的酸液。

二、钢筋除锈的注意事项

1. 电动除锈前应认真检查钢丝刷的固定螺母有无松动，传动部分润滑是否良好，封闭式防护罩和排尘设备是否完好，按规定及时清扫防护罩内的铁屑、铁锈等。

2. 注意用电安全，及时检查电气设备的绝缘、漏电保护器等情况是否良好。

3. 操作人员必须侧身送钢筋，禁止站在除锈机的正前方。对整根较长的钢筋除锈时，应由两人配合操作。同时，操作人员应将袖口扎紧，戴好口罩、手套及防护眼镜，以防止钢丝刷伤人。

4. 钢筋除锈时，若发现锈皮严重脱落并伤及钢筋断面，应剔出不用。

模块二　钢筋的调直

钢筋的调直是在钢筋加工成形之前，对热轧钢筋进行矫正，使其平直的一道工序。钢筋的调直方法有机械调直和人工调直两种。

一、机械调直

1. 调直机调直

以盘条供应的钢筋在使用前需要进行调直。调直应优先采用机械方法调直，以保证调直钢筋的质量。目前常用的调直剪切机有 GT－4/8 和 GT－4/14 等。图 2—3 所示为 GT－4/8 型调直剪切机的构造，它除具有自动调直功能外，还可自动控制钢筋的截断长度，最大调直钢筋直径为 8 mm，最大调直长度为 6 m，切断误差小于 3 mm。

在使用钢筋调直机调直钢筋时，要注意以下几点：

（1）开始操作前，要对设备进行全面检查，并空车试运转，待运转正常后，才可正式操作。

（2）要根据调直钢筋的直径选择调直模和传送压辊，否则容易损坏调直模和压辊或将钢筋划伤。要正确掌握调直模位置和压辊的压紧程度，调直滚筒内第一个和第五个（两端的两个）调直

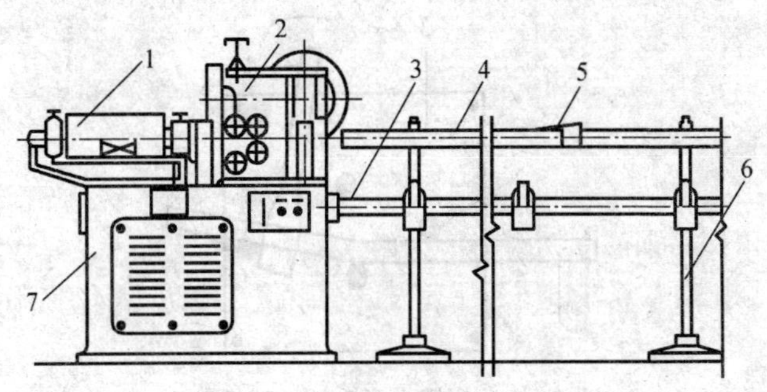

图 2—3　GT－4/8 型调直剪切机

1—调直滚筒　2—传动箱　3—受料架　4—承料架　5—定长器　6—撑脚　7—机架

模要调到同一个水平面上，这是钢筋调直的关键。

(3) 各传动和转动部分要经常加油保养，应设有防护罩和挡板。在操作时设备上不要搁置工具。每盘钢筋接近调直结束时，要防备钢筋末端甩出伤人。

(4) 检验钢筋调直质量，可将已调直的长钢筋切成 3 m 左右，如果钢筋没有卷曲，并可在工作台上滚动，即可认为调直质量合格。

2. 冷拉调直

以盘条供应的钢筋也可采用冷拉方法调直，但应控制钢筋的冷拉伸长率，以免影响钢筋的力学性能。钢筋冷拉调直时，HPB235 级钢筋的冷拉率不应大于 4%，HRB335 级、HRB400 级钢筋的冷拉率不应大于 1%。

二、人工调直

人工调直一般用于数量较少、直径较大的钢筋，有以下两种方法：

1. 对于直径为 12 mm 及以下的钢筋，可在钢筋调直台上用小锤敲直，或利用调直台上的卡盘和钢筋扳手将钢筋扳直，如图 2—4 所示。

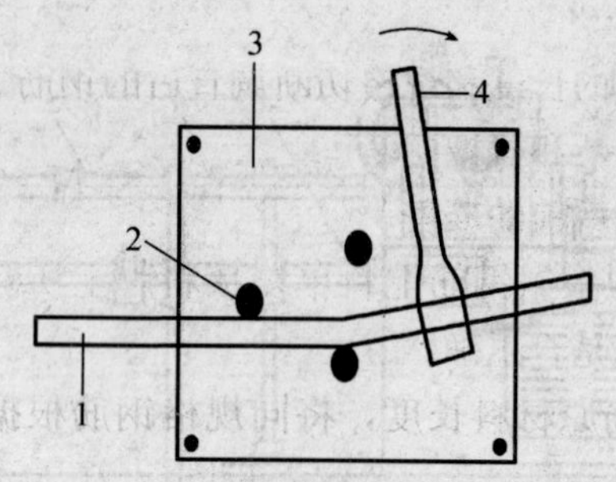

图 2—4　利用卡盘和钢筋扳手调直

1—钢筋　2—扳柱　3—卡盘　4—钢筋扳手

2. 对于直径大于 12 mm 的粗钢筋，如只出现一些缓弯，可利用人工在调直台上进行调直。当调直直径 32 mm 以下的钢筋时，应在扳柱上配钢套，以调整扳柱之间的净空距离。调直时，钢筋应放在钢套和扳柱之间，将有弯的地方对着扳柱，然后用手扳动钢筋即可把钢筋调直。

3. 对于冷拔低碳钢丝，可用蛇形管调直，如图 2—5 所示。

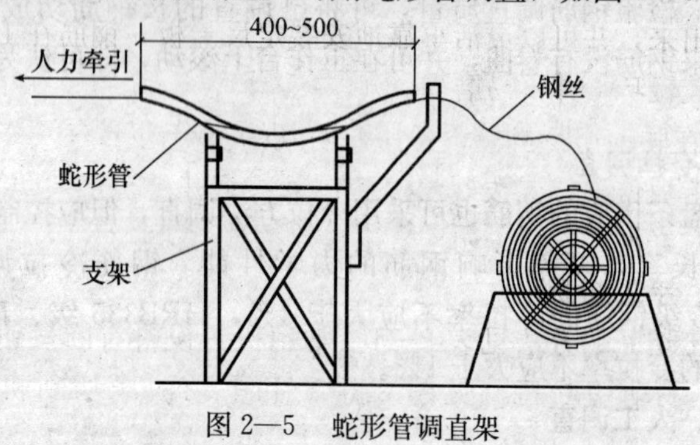

图 2—5　蛇形管调直架

模块三　钢筋的切断

钢筋的切断是钢筋加工中一项非常关键的工作，操作时应根据下料计划要求的长度和规格切断调直后的钢筋。钢筋切断常用的方法有手工切断和机械切断。

一、钢筋切断前的准备

1. 断料前要根据钢筋配料单复核料牌上所写钢筋种类、直径、尺寸、根数是否正确。

2. 根据钢筋原材料长度，将同规格钢筋根据不同的长度要求长短搭配、统筹排料，一般应先断长料，后断短料，以尽量减少断头，减少损耗。

3. 在断料时应避免用短尺量长料，防止在量料中产生累积误差。

在切断机和工作台相对固定的情况下，可在工作台上加尺寸刻度线，尺寸刻度线以切断机的固定刀口作为起始线，这样不但操作方便而且量料准确。在工作台上要安装可以固定断料尺寸的长板。

槽钢做的工作台是一种较好的装置，它可以清晰地将尺寸刻度显示出来，并可以灵活牢靠地安装定尺卡板，钢筋在工作台上滑动也较轻巧，并不易磨损。

4. 在联动切断机械设备中，对切断部分也要在操作前调整好定尺卡板位置，或拨好长度控制开关，并且一般应试切 1～2 根，核对好尺寸，待一切正常后再成批进行。

二、手工切断

手工切断的方法见表 2—1。常用机具设备有断丝钳（见图 2—6)、手动切断机（见图 2—7）和手动液压切断机（见图 2—8)。

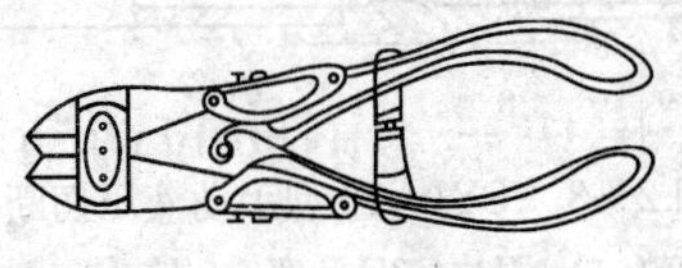

图 2—6　断丝钳

表 2—1　　　　　　　　手工切断方法

方法	用　　途
断丝钳切断法	主要用于切断钢丝网片、分布钢筋等
手动切断机切断法	主要用于切断直径在 16 mm 以下的钢筋，其手柄长度可根据切断钢筋直径的大小来调整，以达到切断时省力的目的
手动液压切断机切断法	采用 GJ5－16 型手动液压切断机可以切断直径在 16 mm 以下的钢筋

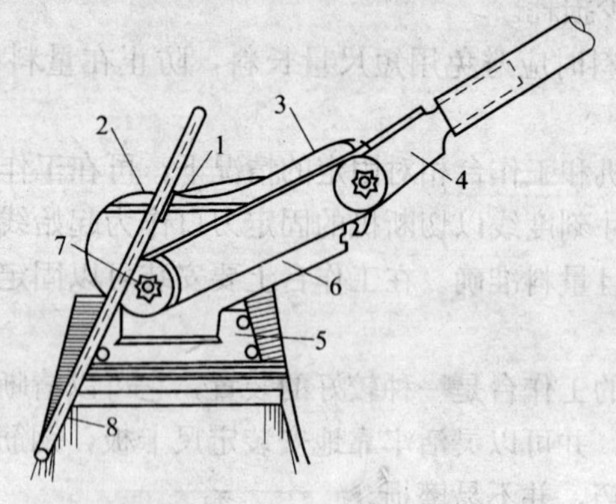

图 2—7　手动切断机

1—固定刀口　2—活动刀口　3—边夹板　4—手柄
5—底座　6—固定板　7—轴　8—钢筋

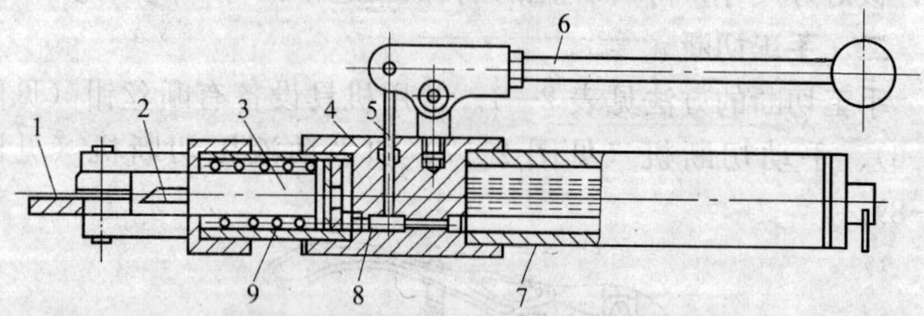

图 2—8　SYJ－16 型手动液压切断机

1—滑轨　2—刀片　3—活塞　4—缸体　5—柱塞
6—压杆　7—储油筒　8—吸油阀　9—回位弹簧

三、机械切断

1. 切断工具

目前采用的钢筋切断机械有 GJ5－40 型（见图 2—9）、QJ40－1 型和 GJY－32 型等。电动液压切断机常见的是 YQJ－32 型，如图 2—10 所示。

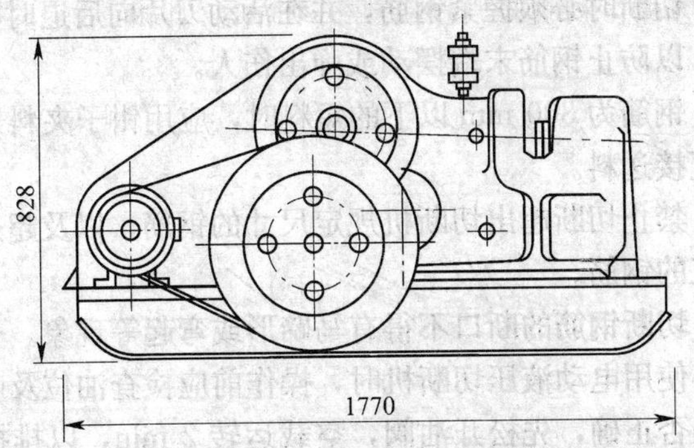

图 2—9　GJ5－40 型钢筋切断机

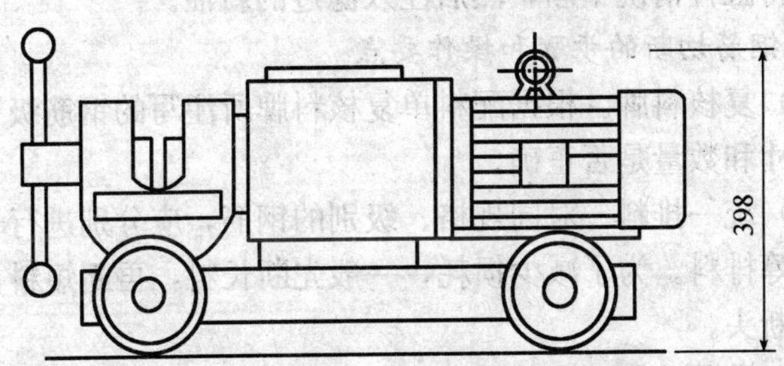

图 2—10　YQJ－32 型电动液压切断机

GJ5－40 型钢筋切断机每次切断根数见表 2—2。

表 2—2　GJ5－40 型钢筋切断机每次切断根数

钢筋直径（mm）	6～8	10～12	14～16	18～20	20～40
每次切断根数	12～8	6～4	3	2	1

2. 钢筋机械切断的注意事项

(1) 使用前应检查刀片安装是否正确、牢固。

(2) 固定刀片与活动刀片间的水平间距应为 0.5～1 mm。

(3) 切断前应将钢筋摆顺，上下排列放入活动刀片与固定刀片中间的斜槽内进行切断。

(4) 切断时必须握紧钢筋，并在活动刀片向后退时将钢筋送入刀口，以防止钢筋末端摆动或弹出伤人。

(5) 钢筋为 300 mm 以下的短料时，应用钳子夹料送入，不准用手直接送料。

(6) 禁止切断超出切断机规定尺寸的钢筋，以及超过刀片硬度或烧红的钢筋。

(7) 切断钢筋的断口不得有马蹄形或弯起等现象。

(8) 使用电动液压切断机时，操作前应检查油位及电动机旋转方向是否正确，先松开油阀，空载运转 2 min，以排掉缸件内的空气，然后拧紧油阀。更换液压油时，应将原液压油全部放出，并将缸件清洗干净，然后注入滤过的新油。

3. 钢筋切断的步骤和操作要点

(1) 复核料牌。根据配料单复核料牌所注写的钢筋级别、规格、尺寸和数量是否正确。

(2) 统一排料。对同规格、级别的钢筋，应分别进行长短搭配、统筹排料。为了减少损耗，一般先断长料，再断短料，以尽量减少断头。

(3) 设置挡板。在工作台上标出尺寸刻度线，并设置控制断料尺寸的挡板。

(4) 检查切断机具。检查切断机刀口安装是否正确牢固，运转是否正常。待试运转正常后，方可开始进行钢筋的切断。

(5) 检验。根数较多的批量切断应在正式操作前先切断 2～3 根，检验切断长度是否符合要求。误差较大时，应及时调整挡板位置，待尺寸符合要求后，方可正式开始切断。

模块四　钢筋的弯曲成形

钢筋的弯曲成形是指将已切断的钢筋按结构施工图的要求，准确地加工成相应的形状和尺寸的过程。钢筋的弯曲分为弯钩和弯折两种。

一、一般规定

1. 受力钢筋

（1）钢筋做不大于 90°弯钩时，弯折处的弯弧内直径 D 不应小于钢筋直径 d 的 5 倍，如图 2—11a 所示。

（2）当设计要求端头做 135°弯钩时，HRB335 级和 HRB400 级钢筋的弯弧内直径 D 不应小于钢筋直径 d 的 4 倍，弯钩的弯后平直段 L_p 的长度应符合设计要求，如图 2—11b 所示。

（3）HPB235 级钢筋（光面钢筋）的端头应做 180°弯钩，弯弧内直径 D 不应小于钢筋直径 d 的 2.5 倍，弯钩的弯后平直段 L_p 的长度不应小于钢筋直径 d 的 3 倍，如图 2—11c 所示。

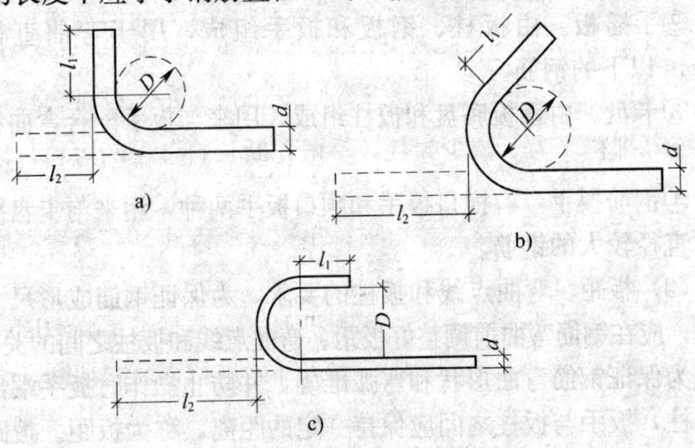

图 2—11　钢筋端头弯钩和弯折

2. 箍筋

除焊接封闭环式箍筋外，箍筋的末端均应做弯钩。弯钩的形式应符合设计要求。当无设计要求时，则应符合下列规定：

（1）弯弧内直径除了应满足受力钢筋的弯钩和弯折的弯弧内直径的规定外，还应不小于受力钢筋的直径 d。

（2）箍筋弯钩的弯折角度：对一般结构，不应小于 90°；对有抗震、抗扭等要求的结构，应为 135°。

（3）箍筋弯后的平直段长度：对一般结构，不应小于箍筋直径的 5 倍；对有抗震要求的结构，不应小于钢筋直径的 10 倍。

二、钢筋的弯曲成形

钢筋弯曲成形的方法有手工成形和机械成形。钢筋弯曲成形的操作程序为：画线→试弯→弯曲成形。

1. 手工弯曲成形

（1）弯曲成形工具。手工弯曲成形主要用于施工现场小批量钢筋的加工，主要工具有操作台、手摇板、卡盘和钢筋扳手等。

①操作台。弯曲钢筋时使用的工作台有钢制和木制的两种。工作台要求稳固牢靠，能够承受在弯曲钢筋时施加的外力。

②手摇板。由扳柱、钢板和扳手组成，用于弯曲直径在 12 mm 以下的钢筋。

③卡盘。由钢板底盘和扳柱组成，用来与扳手配合弯曲粗钢筋。

④钢筋扳手。有横口扳手和顺口扳手两种，用来与卡盘配合弯曲直径较大的钢筋。

（2）板距、弯曲点线和扳柱的要求。为保证钢筋成形尺寸的准确，应在钢筋弯曲前调整好板距、弯曲点线和扳柱之间的关系。

为保证钢筋弯曲形状和弯弧准确，并防止操作时扳手端部碰撞扳柱，扳手与扳柱之间应保持一定的距离，称为扳距。扳距的大小是根据钢筋的弯曲角度和钢筋直径来确定的，扳距值可参见表 2—3。

表 2—3　　　　扳　　　距

弯曲角度	45°	90°	135°	180°
扳距	1.5～2d	2.5～3d	3～3.5d	3.5～4d

在进行钢筋弯曲操作时，钢筋的弯曲点在扳柱钢板上的位置要配合画线的操作方向。钢筋弯曲 90°角时，钢筋的弯曲点应与扳柱边缘对齐；钢筋弯曲 180°角时，钢筋的弯曲点至扳柱边缘的距离为钢筋直径 d。弯曲点线与扳柱的关系如图 2—12 所示。

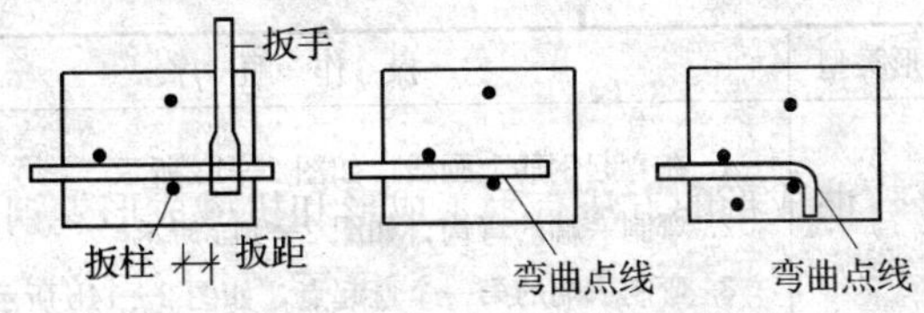

图 2—12　弯曲点线与扳柱的关系

(3) 几种钢筋的弯曲顺序。在钢筋弯曲成形前，应熟悉钢筋配料单中需要弯曲钢筋的规格、尺寸和形状，并确定钢筋的弯曲步骤和需要的工具。

①钢筋的画线。在钢筋弯曲成形前先画线。当钢筋的型号、数量较少，或形状复杂时，可直接画在钢筋上。现以图 2—13 中某梁的一弯起钢筋为例，说明画线的步骤及方法：

a. 在钢筋的中心位置画第一道线。

b. 取中段（3 800 mm）的一半并扣除量度差值 0.5d，即 (3 800/2) －0.5×20＝1 900－10＝1 890 mm，画第二道线。

c. 取斜长（646 mm）并扣除量度差 0.5d，即 646－0.5×20＝646－10＝636 mm，画第三道线。

d. 取水平段长（895 mm）并扣除量度差 d，即 895－d＝895－20＝875 mm，画第四道线。

上述步骤所画的四道线为钢筋不同的弯曲点，然后分别按扳距、弯曲线与扳柱的关系进行加工，即可完成所规定的形状。

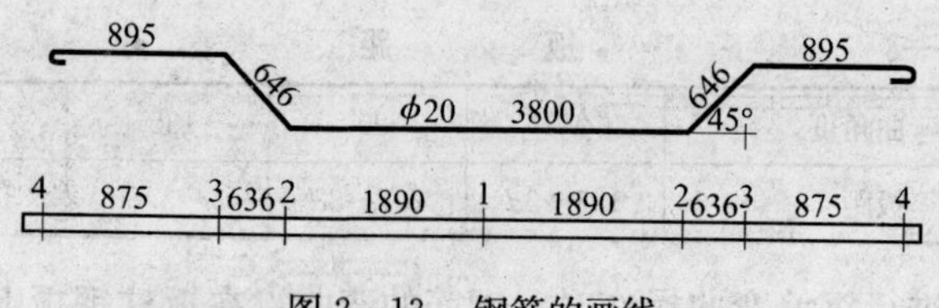

图 2—13　钢筋的画线

②弯起钢筋和箍筋的弯曲顺序见表 2—4。

表 2—4　　弯起钢筋和箍筋的弯曲顺序

钢筋弯曲成形类型	操作顺序
弯起钢筋	1. 在弯起钢筋上画线，如图 2—13 所示 2. 弯制一端的弯钩，如图 2—14a 所示 3. 弯制一端的第一个弯起点，如图 2—14b 所示 4. 弯制一端的第二个弯起点，如图 2—14c 所示 5. 掉头弯另一端弯钩，如图 2—14d 所示 6. 弯制另一端的第一个弯起点，如图 2—14e 所示 7. 弯制另一端的第二个弯起点，最后成形，如图 2—14f 所示
箍筋	1. 箍筋画线：在工作台上画出箍筋的 1/2 长、箍筋长边内侧长、短边内侧长三个标志 2. 在钢筋 1/2 长处弯 90°，如图 2—15a 所示 3. 将短边弯成 90°，如图 2—15b 所示 4. 弯第一个端头的弯钩，如图 2—15c 所示 5. 再将第二个短边弯成 90°，如图 2—15d 所示 6. 弯第二个端头的弯钩，如图 2—15e 所示

2. 机械弯曲成形

（1）弯曲成形机械。钢筋弯曲机是利用工作盘的旋转对钢筋进行各种弯曲、弯钩等作业的机械设备，工程中主要使用 CW—40 型钢筋弯曲机和钢筋弯箍机等。

CW—40 型钢筋弯曲机的构造如图 2—16 和图 2—17 所示。

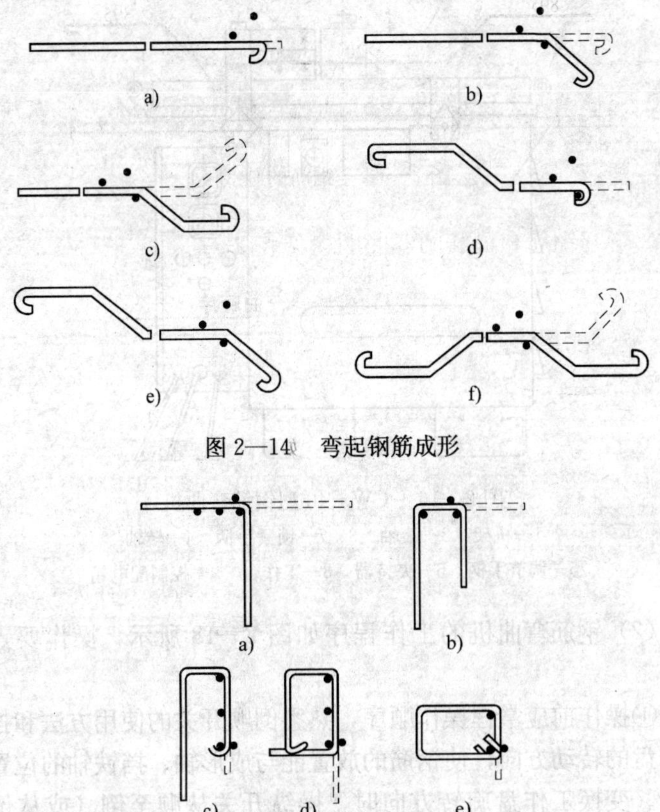

图 2—14　弯起钢筋成形

图 2—15　箍筋成形

弯曲机的工作盘安装在设备的主轴顶端，盘面上共有 9 个孔位，中心孔用于安装心轴。为保证钢筋的弯曲半径，必须选用不同直径的心轴，该机共有 16 mm、20 mm、25 mm、35 mm、45 mm、60 mm、75 mm、80 mm 和 100 mm 九种规格的心轴供弯曲作业时选用。

钢筋弯箍机是施工中弯制各种形状箍筋的钢筋弯曲设备，用来弯曲低强度的钢材，弯曲角度能在 210°内任意调节。

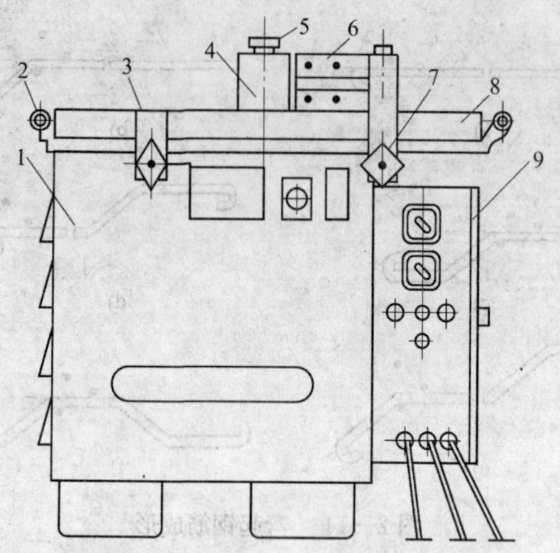

图 2—16　CW—40 型钢筋弯曲机

1—机架　2—滚轴　3、7—锁紧手柄　4—转轴
5—调节手柄　6—夹持器　8—工作台　9—控制配电箱

（2）钢筋弯曲机的工作程序如图 2—18 所示，操作要点如下：

①操作前应掌握操作顺序，熟悉倒顺开关的使用方法和控制工作盘的转动方向，使钢筋的放置能与成形轴、挡铁轴的位置相配合。变换工作盘旋转方向时，操纵开关从顺至倒（或从倒至顺）必须由“停”挡过渡，不得越过“停”挡。

②操作前要对机械各部件进行全面认真的检查，并要进行试运行。

③严禁在机械运转过程中更换中心轴、成形轴和挡铁轴，或进行清扫和注油。

④钢筋在弯曲机上进行弯曲时，弯弧内直径是靠中心轴来实现的，所以应根据弯曲钢筋直径的大小随时更换心轴。

⑤钢筋弯曲机运转时，成形轴和中心轴同时转动，有时可能带动钢筋向前滑移。因此，虽然机械成形钢筋的画线方法与手工

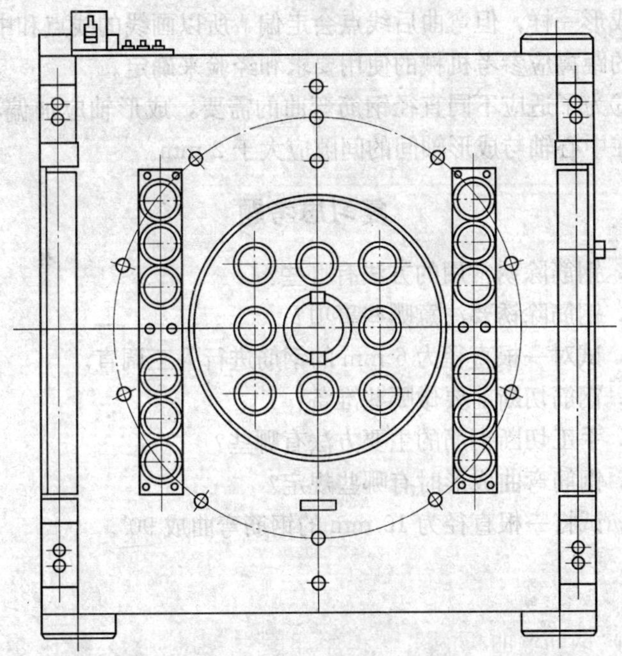

图 2—17　CW—40 型钢筋弯曲机俯视图

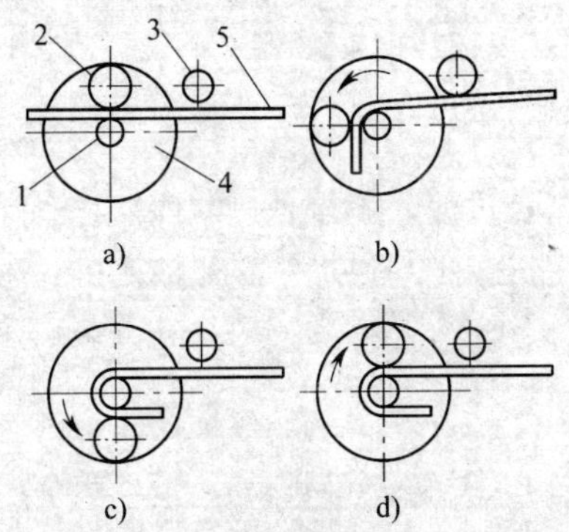

图 2—18　钢筋弯曲机的工作程序

a) 装料　b) 弯 90°　c) 弯 180°　d) 工作盘复位过程

1—中心轴　2—成形轴　3—挡铁轴　4—工作盘　5—被弯钢筋

弯曲成形一样，但弯曲后线点会走偏，所以画线的线点和中心轴边缘的距离应参考机械的使用要求和经验来确定。

⑥为了适应不同直径钢筋弯曲的需要，成形轴应加偏心套，钢筋在中心轴与成形轴间的间隙应大于 2 mm。

复习思考题

1. 钢筋除锈常用的方法有哪些？
2. 钢筋除锈要注意哪些事项？
3. 试对一根直径为 6 mm 的钢筋进行人工调直。
4. 钢筋切断前要做哪些准备？
5. 手工切断钢筋的主要方法有哪些？
6. 钢筋弯曲成形时有哪些规定？
7. 试将一根直径为 10 mm 的钢筋弯曲成 90°。

第三单元　钢筋的冷加工

学习要求：

- 掌握钢筋冷拉方法及相应设备的使用
- 掌握钢筋冷拔方法及相应设备的使用

模块一　钢筋的冷拉

钢筋冷拉是在常温下拉伸钢筋，使拉应力超过钢筋的屈服强度，钢筋产生塑性变形（载荷撤除后不可恢复的变形），从而提高钢筋的强度，达到节约钢材的目的。在钢筋冷拉的过程中，还可以同时完成钢筋的调直和除锈等工作。

一、冷拉钢筋的作用

1. 冷拉可以提高钢筋的抗拉强度，但抗压强度没有提高。一般钢筋经冷拉后，屈服强度可提高 20%～25%，并能达到节约钢材的目的。

2. 冷拉也是对钢筋力学性能的检验，因为冷拉是将Ⅰ～Ⅳ级热轧钢筋在常温下进行强力拉伸至超过钢筋的屈服强度，如果钢筋的力学性能差则被淘汰。

3. 可简化施工工艺。直条钢筋可将冷拉与调直合为一道工序；盘圆钢筋可将开盘、调直和冷拉合为一道工序。

4. 除锈。钢筋冷拉后，表面的铁锈可以自动脱落。

5. 节约钢材。钢材经冷拉后都会有不同程度的伸长，Ⅰ级钢筋可被拉长 8%左右，Ⅱ、Ⅲ级钢筋可被拉长 3%～5%，Ⅳ级钢筋可被拉长 2%～4%，达到节约钢材的目的。

二、冷拉钢筋的适用范围

热轧钢筋经过冷拉后，抗拉强度将提高，但钢筋的塑性却降低了，因此国家有关规范对冷拉钢筋的适用范围作了以下规定：

1. 钢筋混凝土结构中，当采用冷拉钢筋时，直径大于 12 mm 的Ⅰ级钢筋不得利用冷拉后的强度，冷拉Ⅱ、Ⅲ、Ⅳ级钢筋均不能利用冷拉后的强度。

2. 冷拉Ⅱ、Ⅲ、Ⅳ级钢筋可用做预应力混凝土结构中的预应力钢筋，并可利用冷拉后的强度。

3. 承受动力荷载的动力设备以及预制钢筋混凝土构件的吊环不允许使用冷拉后的钢筋。

三、钢筋的冷拉方法

为了保证钢筋经冷拉后的强度既有所提高，又具有一定的塑性，就需要合理地选择冷拉应力（钢筋冷拉时截面的应力）。冷拉应力选择越高，强度提高越大，但塑性降低越多。而冷拉应力太低，虽然钢筋可保持良好的塑性，但强度提高不大，冷拉的效果不明显。冷拉应力所对应的应变称为冷拉率（钢筋冷拉时包括其弹性和塑性变形的总伸长值与钢筋原长之比值，或称为伸长率），因此，钢筋冷拉应合理地控制冷拉应力和冷拉率。

钢筋冷拉根据控制方法不同，分为单控制冷拉和双控制冷拉两种。前者是在钢筋冷拉时只控制冷拉率，也就是控制钢筋冷拉后的伸长率；后者则是以控制冷拉应力为主，同时也控制冷拉率。

钢筋冷拉控制应力（钢筋冷拉时所要求的最大应力）及最大冷拉率（钢筋冷拉时所要求的最大冷拉率）见表 3—1，测定冷拉率时钢筋的冷拉应力见表 3—2。

1. 单控制冷拉操作只要求按照冷拉率的大小计算出钢筋的

表 3—1　　钢筋冷拉控制应力及最大冷拉率

钢筋级别	钢筋直径（mm）	冷拉控制应力（MPa）	最大冷拉率（%）
Ⅰ级	≤12	280	10.0
Ⅱ级	≤25	450	5.5
	28～40	430	5.5
Ⅲ级	8～40	500	5.0
Ⅳ级	10～28	700	4.0

表 3—2　　测定冷拉率时钢筋的冷拉应力

钢筋级别	钢筋直径（mm）	冷拉应力（MPa）
Ⅰ级	≤12	320
Ⅱ级	≤25	480
	28～40	460
Ⅲ级	8～40	530
Ⅳ级	10～28	730

拉伸长度，拉伸时控制此长度即可。这种方法操作简单，不需要复杂的测力设备。

钢筋的冷拉伸长值可按下式计算：

$$\Delta l = l_k \cdot L$$

式中　Δl——钢筋的冷拉伸长率；

l_k——冷拉率，不得超过表 3—1 中的值；

L——钢筋冷拉前的长度。

由于同一批钢筋的材质存在差异，所以冷拉时即使冷拉控制应力相同，冷拉率也会随冷拉钢筋的抗拉强度的大小而变化，即按同一冷拉率冷拉的钢筋，强度也是不一致的。所以单控制冷拉的钢筋仅适用于普通钢筋混凝土结构。

2. 双控制冷拉以控制钢筋的冷拉应力为主，同时又控制钢筋的冷拉率。双控制冷拉时，如钢筋达到表 3—1 规定的控制应力值，而冷拉率又未超过规定的最大冷拉率，则认为冷拉合格，否则为不合格。

由于双控制冷拉既控制了钢筋的冷拉应力，又控制了钢筋的冷拉率，所以冷拉后钢筋的强度稳定。在条件许可的情况下，钢筋冷拉应尽量采用双控制冷拉。双控制冷拉的钢筋一般用做预应力钢筋，特别是一些重要构件（如单层工业厂房中的吊车梁、屋架等）的预应力钢筋都应采用双控制冷拉。

四、冷拉工艺及主要机具设备

1. 冷拉工艺

钢筋的冷拉工艺因钢筋的品种规格、采用的机具设备以及场地布置的具体条件等的不同而有所不同，常见的冷拉工艺有以下几种：

（1）卷扬机冷拉工艺。该工艺由卷扬机提供拉力，通过滑轮组改变力的方向和大小来实现钢筋冷拉的工艺过程。卷扬机冷拉工艺有四种布置方案，细钢筋和粗钢筋冷拉工艺各两种。

（2）阻力冷拉工艺。该工艺是由阻力轮冷拉机和钢筋调直机配合使用，适用于冷拉直径为 6～8 mm 的圆盘钢筋。

（3）丝杆冷拉工艺。丝杆冷拉机代替卷扬机，省掉了滑轮组，适用于冷拉直径为 16 mm 以上的钢筋。由于丝杆不能过长，因而冷拉行程受到限制。

（4）液压冷拉工艺。该工艺用液压冷拉机代替钢筋冷拉动力设备，没有过多的附属设备，且功效高，操作平稳，能正确地测定冷拉率和冷拉控制应力，但行程短，设备制造复杂，适用于冷拉直径为 20 mm 以上的钢筋。

2. 冷拉机具和设备

冷拉机具主要包括电动卷扬机冷拉机（见图 3—1）、阻力轮冷拉机（见图 3—2、图 3—3）、丝杆冷拉机（见图 3—4、图 3—5）、液压冷拉机（见图 3—6）等，冷拉设备主要包括冷拉滑轮

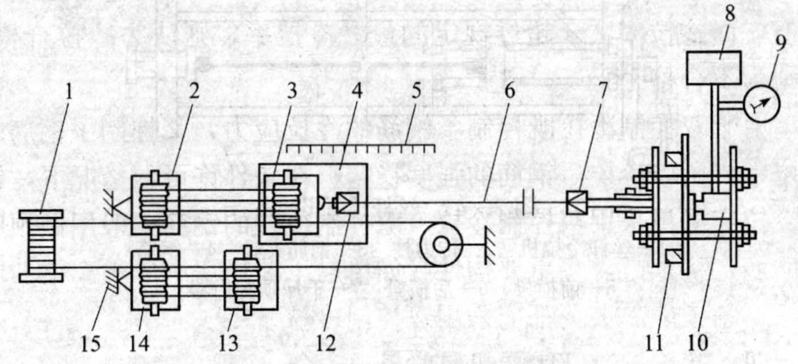

图 3—1　电动卷扬机冷拉设备

1—卷扬机　2—固定滑轮组　3—移动滑轮组　4—冷拉小车　5—延伸标尺
6—钢筋　7—固定端夹具　8—油泵　9—油压表　10—千斤顶　11—台座墩
12—冷拉端夹具　13、14—回程滑轮组　15—冷拉台座

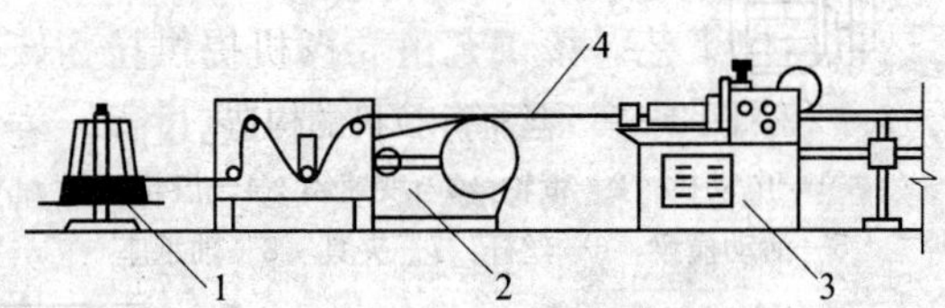

图 3—2　阻力轮冷拉设备

1—放圈架　2—阻力轮冷拉机　3—钢筋调直机　4—冷拉钢筋

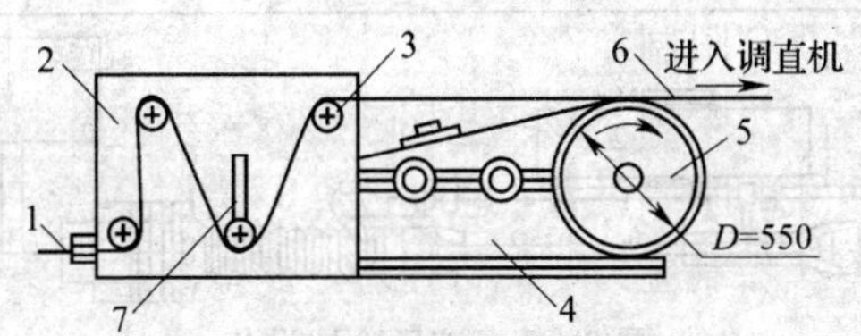

图 3—3　阻力轮冷拉机的构造

1—钢筋　2—钢架板　3—阻力轮　4—变速箱
5—绞轮　6—冷拉钢筋　7—阻力轮高度调节槽

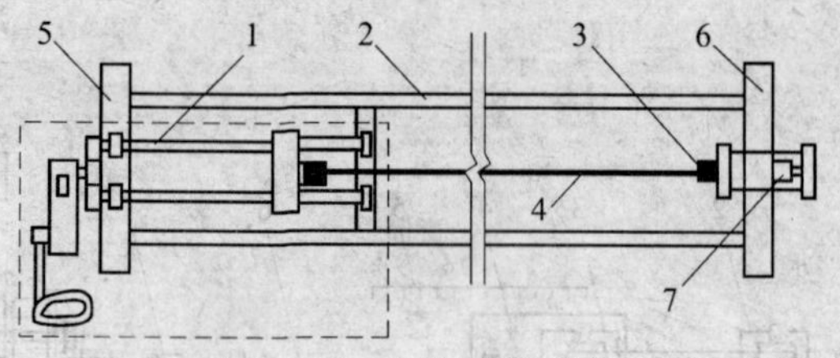

图 3—4　丝杆冷拉设备

1—丝杆冷拉机　2—传力柱　3—钢筋夹具　4—钢筋
5—前横梁　6—后横梁　7—千斤顶测力器

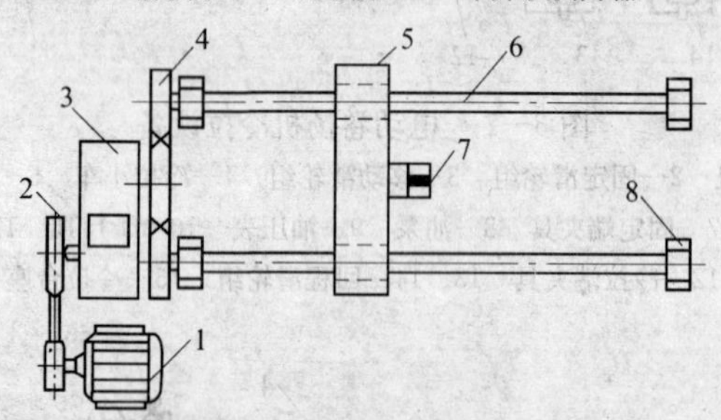

图 3—5　丝杆冷拉机的构造

1—电动机　2—带轮　3—变速箱　4—齿轮
5—活动横梁　6—丝杆　7—夹具　8—轴承座

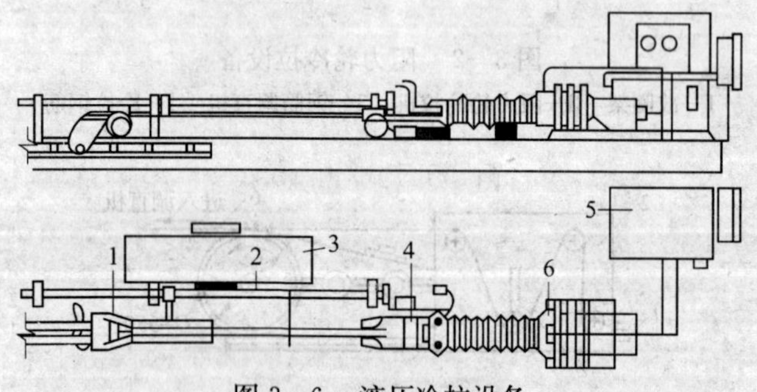

图 3—6　液压冷拉设备

1—末端挂钩夹具　2—翻料架　3—装料小车　4—前端夹具
5—泵阀控制器　6—液压冷拉机

组、钢筋夹具（见图 3—7）、测力器、回程装置、地锚（见图 3—8）、张拉台座（见图 3—9）等。

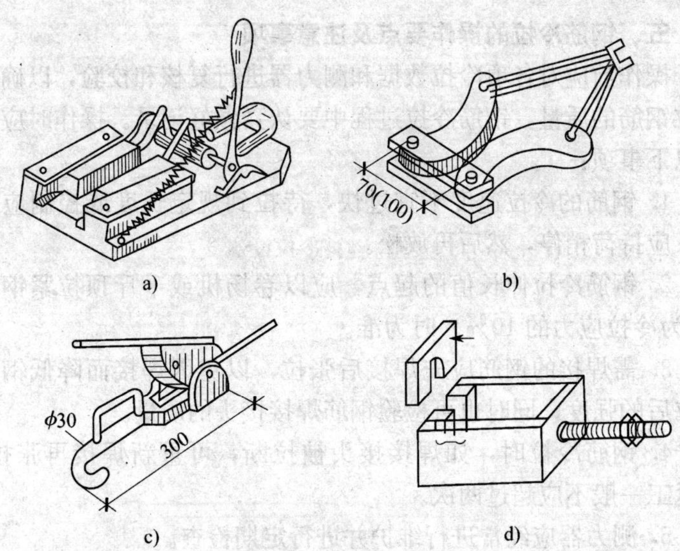

图 3—7　钢筋夹具

a）楔块式夹具　b）月牙形夹具　c）偏心块夹具　d）槽式夹具

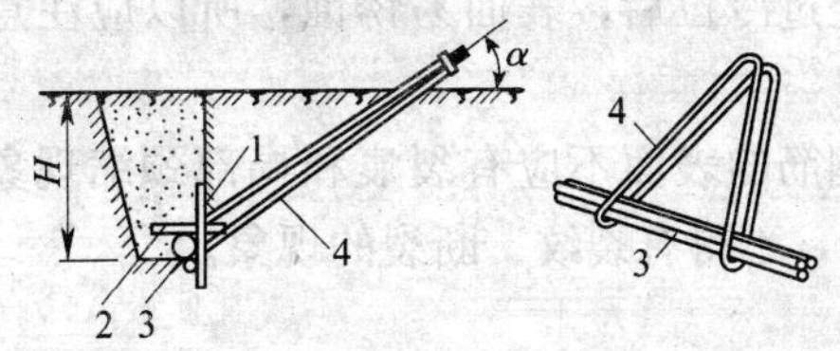

图 3—8　卧式地锚

1—直立木　2—压盖木　3—地锚　4—钢丝绳

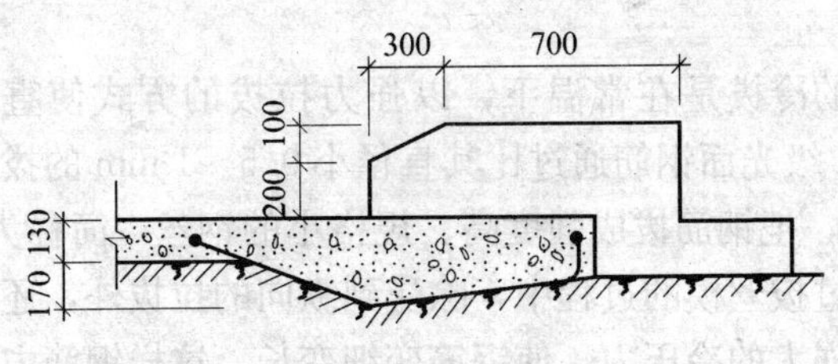

图 3—9　张拉台座

五、钢筋冷拉的操作要点及注意事项

操作前应对各项冷拉数据和测力器进行复核和校验，以确保冷拉钢筋的质量，钢筋冷拉过程中要认真做好记录。操作时应注意以下事项：

1. 钢筋的冷拉速度不宜过快，待拉到规定长度或控制应力后，应持荷稍停，然后再放松。

2. 钢筋冷拉伸长值的起点，应以卷扬机或千斤顶拉紧钢筋（约为冷拉应力的 10%）时为准。

3. 需焊接的钢筋应先焊接后张拉，以免因焊接而降低钢筋冷拉后的强度，同时也可检验钢筋焊接接头的质量。

4. 钢筋冷拉时，如焊接接头被拉断，可重新焊接再张拉，但返工一般不应超过两次。

5. 测力器应经常进行维护并进行定期检查。

6. 在负温情况下可进行Ⅰ、Ⅱ、Ⅳ级钢筋冷拉，但温度不得低于−30℃。

7. 钢筋经过冷拉后，表面易锈蚀，所以应注意冷拉钢筋的防锈工作。

8. 冷拉钢筋的表面不应有裂痕和局部颈缩现象，冷拉钢筋经冷弯试验时，不得有裂纹、断裂的现象。

模块二　钢筋的冷拔

钢筋的冷拔是在常温下，以强力拉拔的方式使直径为 6～8 mm 的Ⅰ级光面钢筋通过比其直径小 0.5～1 mm 的拔丝模（见图 3—10），把钢筋拔成强度高、规格小的钢丝，简称为冷拔丝。钢筋在通过拔丝模的过程中，除受到纵向的拉拔外，还在横向受到拔丝模强大的冷压力，使钢筋变细变长。这样钢筋内部晶体的变化将比单纯冷拉更大，使钢筋冷拔后的强度大幅度提高（一般

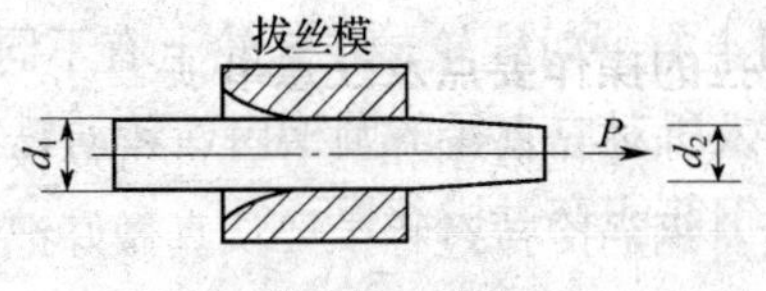

图 3—10　钢筋冷拔

可提高 40%～90%），塑性降低，伸长率变小。

钢筋经冷拔后，不仅能提高钢筋的抗拉强度，还能提高钢筋的抗压强度。冷拔钢丝可分为甲级和乙级两种，甲级冷拔钢丝主要用于预应力混凝土结构中的预应力钢筋，乙级冷拔钢筋主要用于焊接网、焊接架、箍筋和构造钢筋等。

一、钢筋冷拔工艺及冷拔设备

1. 冷拔工艺

建筑用冷拔钢丝一般采用强迫拔丝的工艺生产，工艺流程为：除皮→轧头→拔丝。

钢筋除皮：由于盘圆钢筋表面的氧化铁锈层硬度极高，易磨损拔丝模孔，使钢丝表面产生沟痕或其他缺陷，甚至断丝，因此盘圆钢筋在冷拔前应进行除锈剥皮处理。钢筋除锈剥皮一般采用电动除锈剥皮机，除锈时，将钢筋通过 2～3 个上下交错排列的槽轮，钢筋经反复弯曲，使表面氧化铁锈层碎裂剥落，如图 3—11 所示。

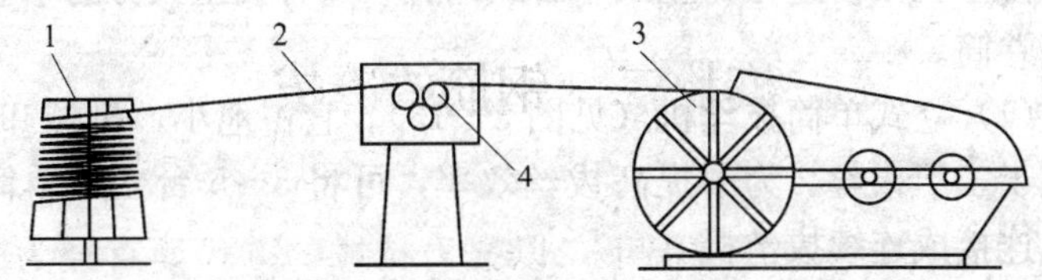

图 3—11　钢筋除锈剥皮机

1—放圈架　2—钢筋　3—卷筒　4—槽轮

钢筋轧头：盘圆钢筋经除锈剥皮后，为了使钢筋能方便地穿过拔丝模，应采用轧头机将钢筋前端轧细。钢筋轧头机如图 3—

12 所示。轧头机上有一对轧轮，在轧轮上有不同直径的半圆槽，将钢筋的一段插入所对应直径的圆槽内，转动轧轮，即可将钢筋端部轧细，直至钢筋能穿过拔丝模。

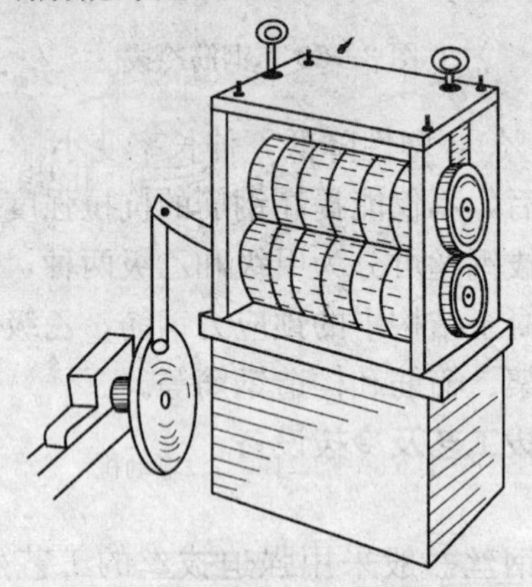

图 3—12　钢筋轧头机

拔丝：钢筋的冷拔是通过拔丝机进行的。冷拔时，将已经轧细的钢筋端头穿入拔丝模，上好夹拔具，挂上拔丝钩，并将钢筋固定在拔丝卷筒上。当卷筒转动时，带动钢筋通过拔丝模盘，同时向拔丝模盘内接通冷却水，从而实现钢筋的冷拔。

2. 拔丝机的类型

拔丝机按构造分为立式和卧式两种，每种类型又分为单卷筒和多卷筒。

(1) 立式单筒拔丝机（见图 3—13）。它占地小，机械卸丝，适用于工厂拔丝。为了提高拔丝效率，可将 3～5 台立式单筒拔丝机连接成连续拔丝机。

(2) 卧式拔丝机。它具有结构简单、人工卸丝方便的特点，适用于施工工地拔粗钢丝，图 3—14 所示为卧式双筒拔丝机。

(3) 单筒双模拔丝机。它是利用立式拔丝机或卧式拔丝机改装而成的，如图 3—15 所示。它可一次完成两道拔丝工艺，提高工效，但电动机的负荷相应增大。

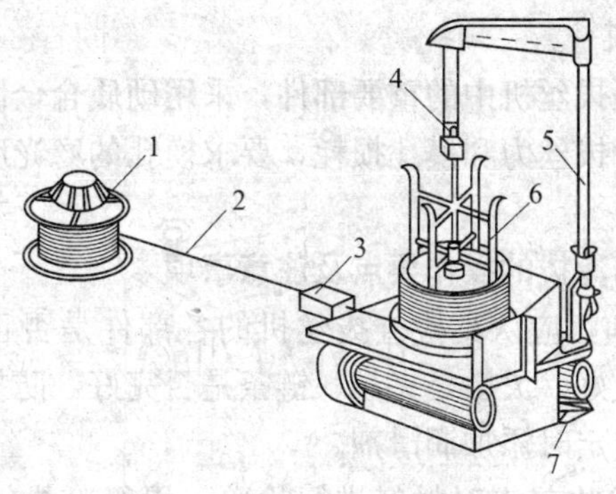

图 3—13　立式单筒拔丝机

1—盘圆架　2—钢筋　3—拔丝模　4—滑轮

5—支架　6—绕丝筒　7—电动机

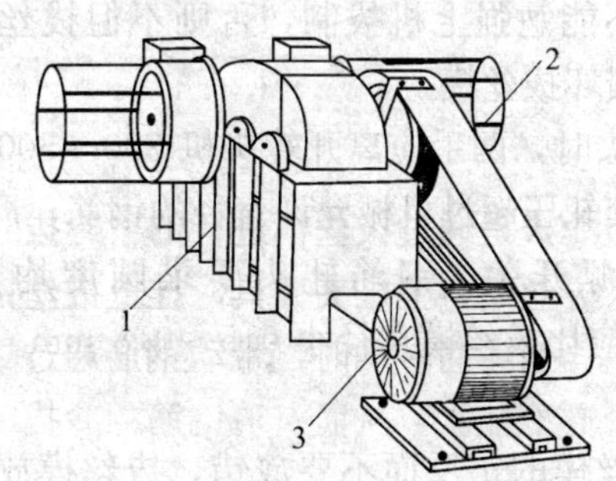

图 3—14　卧式双筒拔丝机

1—变速箱　2—卷筒　3—电动机

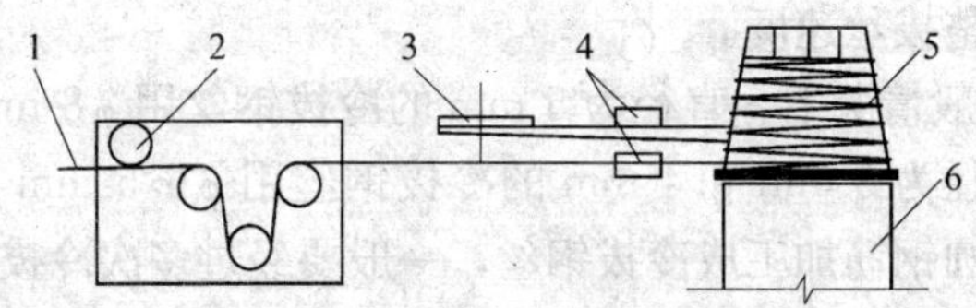

图 3—15　单筒双模拔丝机

1—钢筋　2—槽轮　3—导向轮

4—拔丝模　5—绕丝筒　6—基座

3. 拔丝模

拔丝模是拔丝机中的重要部件，采用硬质合金制成，耐热耐磨。为了减少拔丝力和模孔损耗，要求模孔的磨光度高，且锥度适当。

二、钢筋冷拔的操作要点及注意事项

1. 冷拔前，应认真检查拔丝机的各部件是否正常，电气开关接触是否良好、灵敏，夹具、链条是否完好，防护装置是否完整，并按规定定时添加润滑剂。

2. 钢筋冷拔前应对材料进行检验。甲级冷拔钢丝应优先采用甲类3号钢盘圆拔制。

3. 原材料截面不规则的、扁圆的、带刺的、潮湿的、硬度过大的钢筋，不能勉强上机拔制，否则不但拔丝的质量难以保证，而且极易损坏拔丝模。

4. 钢筋轧头时，两手应离开轧头机300～500 mm由粗到细逐级轧压。严禁轧压超过机械允许直径的钢筋，严禁用钢筋去拨按轧头机的电源开关。钢筋轧头要求圆度均匀，长度约为300 mm，直径应比拔丝模直径小0.5～0.8 mm。钢筋每冷拔一次应轧头一次。

5. 注意拔丝模的正反面不要放错，拔丝模放入拔丝模盘内后，应将上下卡板用螺母拧紧，不得松动。在拔制过程中，如发现冷拔丝出现砂孔、沟痕和夹皮等缺陷，应立即停机更换拔丝模，并调整拔丝速度。

6. 一般情况下，直径为5 mm的冷拔钢丝用ϕ8 mm的盘圆拔制，直径为3 mm和4 mm的冷拔钢丝用ϕ6.5 mm的盘圆拔制。由盘圆钢筋加工成冷拔钢丝，一般要经过多次冷拔，可按下述两种方案进行：

（1）ϕ8 mm的盘圆拔制直径为5 mm的冷拔钢丝：ϕ8 mm→ϕ6.5 mm→ϕ5.7 mm→ϕ5 mm。

（2）ϕ6.5 mm的盘圆拔制直径为4 mm和3 mm的冷拔钢

丝：ϕ6.5 mm→ϕ5.5 mm→ϕ4.6 mm→ϕ4 mm→ϕ3.5 mm→ϕ3 mm。

复习思考题

1. 冷拉钢筋的作用是什么？
2. 冷拉钢筋的适用范围有哪些？
3. 钢筋的冷拉方法有哪些？
4. 冷拉工艺及主要机具设备有哪些？
5. 钢筋冷拉的操作要点及注意事项是什么？

第四单元　钢筋的连接

学习要求：

- 掌握钢筋焊接连接的操作方法和施工工艺
- 掌握钢筋机械连接的操作方法和施工工艺

模块一　焊 接 连 接

焊接钢材应具有良好的可焊性。钢材的可焊性是指被焊钢材在采用一定焊接材料、焊接工艺的条件下，获得优质焊接接头的难易程度，也就是钢材对焊接加工的适应性。它包括以下两个方面：

1. 工艺焊接性

工艺焊接性，也就是接合性能，指在一定焊接工艺条件下焊接接头中出现各种裂纹及其他缺陷的敏感性和可能性。这种敏感性和可能性越大，则其工艺焊接性能越差。

2. 使用焊接性

使用焊接性，是指在一定焊接条件下焊接接头对使用要求的适应性，以及影响使用可靠性的程度。这种适应性和使用可靠性越大，则其使用焊接性能越好。

HPB235 级钢筋的焊接性能良好。

HRB335 级和 HRB400 级钢筋的焊接性能较差（尤其是碳、锰含量处于上限的情况），焊接时需采用预热等工艺措施。

RRB400 级钢筋的碳当量很高，焊接难度大，不允许采用电弧焊，需采用闪光对焊，且必须采取较高的预热温度、焊后热处理和严格的工艺措施。

钢筋焊接常用的方法有闪光对焊、电阻点焊、电弧焊、电渣压力焊、压力焊、气压焊等。本书仅简单介绍闪光对焊、电阻点焊、电弧焊的基本知识。

一、闪光对焊

闪光对焊的工作原理是利用对焊机使两段钢筋接触，通过低电压强电流将钢筋加热到一定温度变软后，再进行轴向加压顶锻，形成接头，如图 4—1 所示。

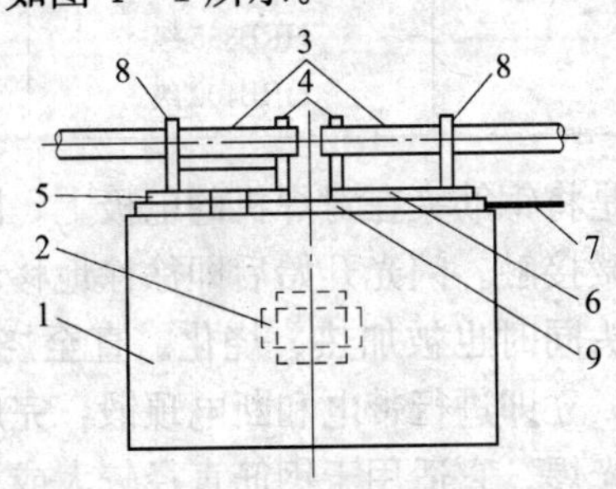

图 4—1　对焊机工作原理示意图

1—基架　2—变压器　3—钢筋　4—夹紧机构
5—固定座板　6—动板　7—送进机构
8—顶座　9—导轨

闪光对焊是目前建筑工程中大量采用的接头焊接方法，它具有成本低、质量好、效率高的优点，常用于钢筋接长及预应力钢筋与螺钉端杆的焊接，是电阻焊的一种。

1. 闪光对焊工艺

闪光对焊工艺有连续闪光焊、预热闪光焊、闪光—预热—闪光焊。

（1）连续闪光焊。它适用于焊接直径在 25 mm 以内的 HPB235、HRB335、HRB400 级钢筋，所能焊接的最大钢筋直径见表 4—1。

表 4—1　　　连续闪光焊钢筋上限直径

焊机容量（kV·A）	钢筋级别	钢筋直径（mm）
160	HPB235 级	25
	HRB335 级	22
	HRB400 级	20
100	HPB235 级	20
	HRB335 级	18
	HRB400 级	16
80	HPB235 级	16
	HRB335 级	14
	HRB400 级	12

其操作工序是将钢筋夹在对焊机的电极上，闭合电源，使两根钢筋的端部轻微接触。闪光开始后即徐徐地移动钢筋，形成连续闪光过程，接头同时也被加热、烧化。直至烧化完规定留量，达到焊接温度后，立即进行带电和断电顶锻，完成焊接过程。

（2）预热闪光焊。它适用于钢筋直径较大或相应对焊机容量较小的情况。预热闪光焊是在焊接前增加预热阶段，反复多次预热将钢筋顶锻接长。

（3）闪光—预热—闪光焊。此法适用于钢筋直径较大且端面不够平整以及 HRB500 级钢筋的焊接。其工艺是在预热、闪光之前，再增加一个闪光过程。

2. 闪光对焊的操作要点

（1）操作参数因钢筋级别、直径以及焊机的性能而异。

（2）对焊焊接过程中要求电源电压稳定，否则电压波动会直接影响接头质量。

（3）被焊钢筋要求平直、经过除锈，在焊机上安装钢筋要放正、夹紧，应使两钢筋端面的凸出部分相接触；烧化过程应稳定、强烈，防止焊缝金属氧化；顶锻应在足够大的压力下完成，以保证焊接质量。

（4）闪光对焊异常现象、焊接缺陷及消除措施见表 4—2。

表 4—2　闪光对焊异常现象、焊接缺陷及消除措施

异常现象和焊接缺陷	消除措施
烧化过分剧烈并产生强烈的爆炸声	1. 降低变压器级数 2. 减慢烧化速度
闪光不稳定	1. 消除电极底部和表面的氧化物 2. 提高变压器级数 3. 加快烧化速度
接头中有氧化膜、未焊透或夹渣	1. 增大预热程度 2. 加快临近顶锻时的烧化速度 3. 确保带电顶锻过程 4. 加快顶锻速度 5. 增大顶锻压力
接头中有缩孔	1. 降低变压器级数 2. 避免烧化过程过分剧烈 3. 适当增大顶锻留量及顶锻压力
焊缝金属过烧或影响区过热	1. 减少预热程度 2. 加快烧化速度，缩短焊接时间 3. 避免过多带电顶锻
接头弯折或轴线偏移	1. 正确调整电极位置 2. 修整电极钳口或更换已变形的电极 3. 切除或矫直钢筋的弯折处
接头区域有裂纹	1. 检验钢筋的碳、硫、磷含量，若不符合规定应更换钢筋 2. 采取低频预热方法，增大预热程度
钢筋表面微熔及烧伤	1. 消除钢筋被夹紧部位的铁锈和油污 2. 消除电极内表面的氧化物 3. 改进电极槽口形状，增大接触面积 4. 夹紧钢筋

3. 闪光对焊接头的质量检验

（1）取样数量。外观检查每批抽查10%接头，并不少于10个；力学试验每批取6个试件，3个进行拉伸试验，3个进行弯曲试验。

（2）外观检查。外观检查结果应符合下列要求：

①接头处不得有横向裂纹。

②与电极接触处的钢筋表面不得有烧伤。

③接头处的弯折角不得大于4°。

④接头处的钢筋轴线偏移值不得大于0.1倍钢筋直径，且不得大于2 mm。

（3）力学试验结果应符合下列要求：

①三个试件的抗拉强度均不得低于该级别钢筋的标准抗拉强度；试件应呈塑性断裂，并断于焊缝之外。

②三个弯曲试验的试件其接头外侧不得出现宽度大于0.15 mm的横向裂纹。

二、电阻点焊（接触点焊）

电阻点焊主要用于钢筋的交叉连接，如用来焊接钢筋网片、钢筋骨架等。其生产效率高，节约材料，应用广泛。

1. 点焊的原理

点焊机主要由加压机构、焊接回路、电极等组成，如图4—2所示。其工作原理是，当钢筋交叉点焊时，接触点小，接触处的电阻很大，接触瞬间产生的巨大热量使金属熔化，在电极压力下使焊点的金属得到焊合。

2. 常用点焊机的技术参数（见表4—3）

3. 电阻点焊操作要点

（1）电阻点焊应根据钢筋级别、直径以及焊机的性能等具体情况选择必要的焊接参数。

（2）在焊接钢筋骨架或焊接网的电阻点焊中，两钢筋（钢丝）相互压入的深度应符合下列要求：

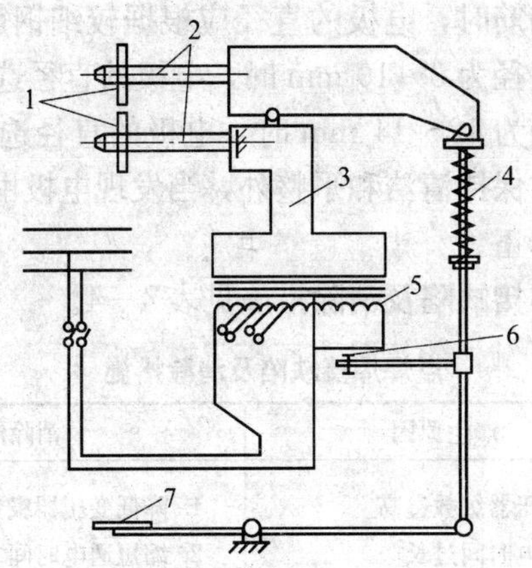

图 4—2　点焊机的工作原理图

1—电极　2—电极臂　3—变压器的二次线圈

4—加压机构　5—变压器的一次线圈

6—断路器　7—踏板

表 4—3　　常用点焊机的技术参数

项目	型号					
	SO232A	SO432A	DN3－75	DN3－100	DN－63	DN－125
规定容量（kV·A）	17	31	75	100	63	125
负载持续率（%）	50	50	20	20	50	50
二次电压（V）	380	380	380	380	380	380
二次额定电流（A）	44.7	81.6	197.4	263	166	330
可焊钢筋直径（mm）	8～10	10～12	8～10	10～12	15	20

①点焊热轧钢筋时，压入深度应为较细钢筋直径的 25%～45%。

②点焊冷拔低碳钢丝、冷轧带肋钢筋时，压入深度应为较细钢筋（钢丝）直径的 25%～40%。

(3) 点焊钢筋时，电极的直径应根据较细钢筋的直径选用，当较细钢筋的直径为3～10 mm时，电极的直径选用30 mm；当较细钢筋的直径为12～14 mm时，电极的直径选用40 mm。电极端部除应经常保持清洁和平整外，当发现电极由于使用产生变形时，应及时修正。

(4) 点焊焊接缺陷及消除措施见表4—4。

表4—4　　点焊焊接缺陷及消除措施

缺陷	产生原因	消除措施
焊点过烧	1. 变压器级数过高 2. 通电时间过长 3. 上下电极不对中心 4. 继电器接触失灵	1. 降低变压器级数 2. 缩短通电时间 3. 切断电源，校正电极 4. 清理触点，调节间隙
焊点脱离	1. 电流过小 2. 压力不够 3. 压入深度不足 4. 通电时间太短	1. 提高变压器级数 2. 加大弹簧压力或调大气压 3. 调整两电极间距离符合压入深度要求 4. 延长通电时间
钢筋表面烧伤	1. 钢筋与电极接触表面太脏 2. 焊接时没有顶压过程或顶压力过小 3. 电流过大 4. 电极变形	1. 清除电极和钢筋表面的铁锈和油污 2. 保证顶压过程和适当的顶压力 3. 降低变压器级数 4. 修理或更换电极

4. 电阻点焊的质量检验

(1) 焊接骨架外观质量检查结果应符合下列要求：

①焊点处熔化金属应均匀。

②点焊热轧钢筋时，压入深度应为较细钢筋直径的25%～45%；点焊冷拔低碳钢丝、冷轧带肋钢筋时，压入深度应为较细

钢筋（钢丝）直径的 25%～40%。

③每件制品的焊点脱落、漏焊数量不得超过焊点总数的 4%，且相邻焊点不得有漏焊及脱落。

④焊点应无裂纹、多孔性缺陷及明显的烧伤现象。

（2）焊接网外观质量检查结果应符合下列要求：

①焊接网的长度、宽度及网格尺寸的允许偏差均为 ±10 mm；网片两对角线之差不得大于 10 mm。

②焊接网交叉点开焊的数量不得大于整个网片交叉点总数的 1%，并且任一根钢筋上开焊点数不得大于该根钢筋交叉点总数的 1/2；焊接网最外边钢筋上的交叉点不得开焊。

（3）焊接网组成的钢筋表面不得有裂纹、折叠、结疤、凹坑、油污及其他影响使用的缺陷。

三、电弧焊

电弧焊是利用电焊机使焊条和焊件之间产生高温电弧熔化焊条和焊件金属，熔化的金属凝固后形成焊缝或焊接接头。其工作原理如图 4—3 所示。

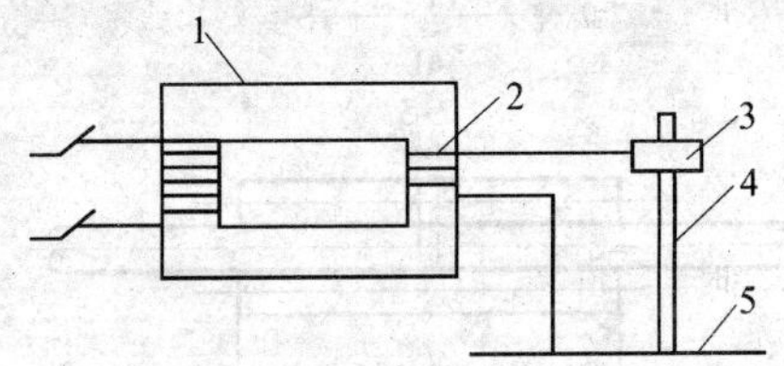

图 4—3　电弧焊的工作原理

1—焊接变压器　2—变压器二次线圈

3—焊钳　4—焊条　5—焊件

电弧焊的主要设备是弧焊机，分为交流弧焊机和直流弧焊机。焊条的种类很多，常用型号有 E4303、E5003、E4316、E5016、E6016 等。

电弧焊的接头形式有搭接焊、帮条焊、坡口焊等，如图 4—4、图 4—5 和图 4—6 所示。

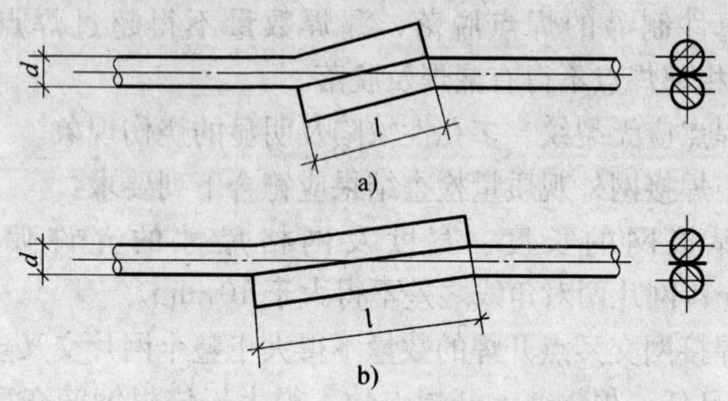

图 4—4　钢筋搭接焊接头

a）双面焊详图　b）单面焊详图

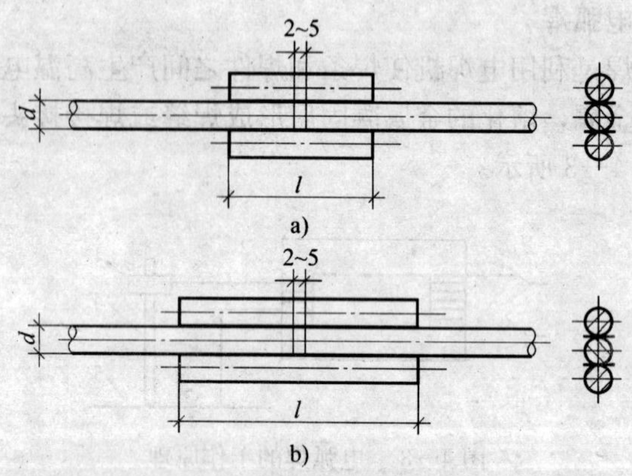

图 4—5　钢筋帮条焊接头

a）双面焊　b）单面焊

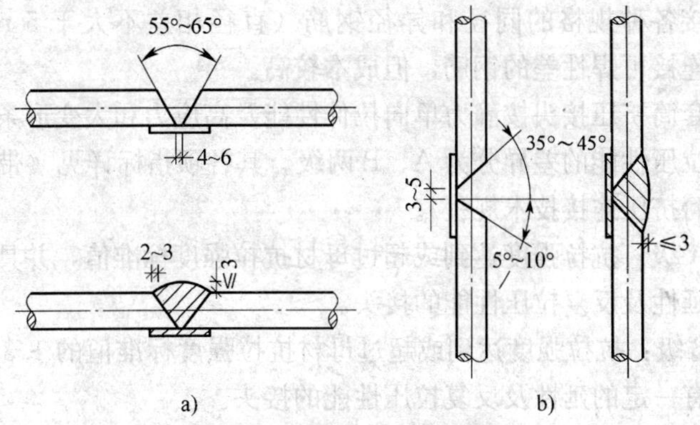

图 4—6 钢筋坡口焊接头

a）坡口平焊 b）坡口立焊

模块二 机械连接

一、钢筋套筒挤压连接

带肋钢筋套筒挤压连接是将待连接钢筋插入钢套筒，用挤压连接设备沿径向挤压钢筋套筒，使之产生塑性变形，依靠变形后的钢套筒与被连接钢筋纵、横肋产生的机械咬合成为整体的钢筋连接方法，如图 4—7 所示。

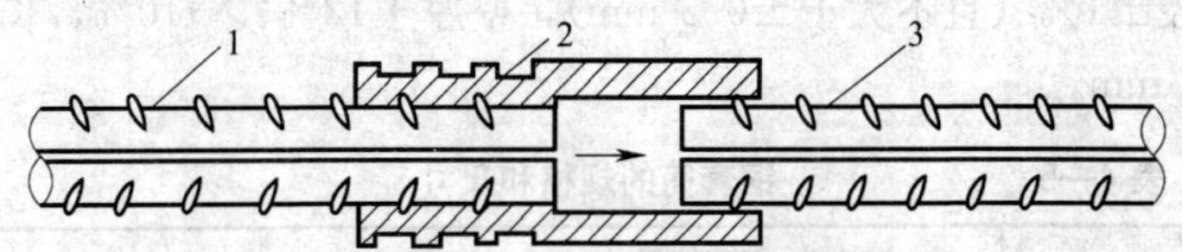

图 4—7 套筒挤压连接

1—已挤压的钢筋 2—钢套筒 3—未挤压的钢筋

这种连接方法具有接头性能可靠、质量稳定、不受气候及焊工技术水平的影响、连接速度快、安全、无明火、节能等优点，可连接各种规格的同径和异径钢筋（直径相差不大于 5 mm），也可连接可焊性差的钢筋，但成本较高。

套筒挤压接头按静力单向拉伸性能及高应力和大变形条件下反复拉压性能的差异分为 A、B 两级。其各项指标详见《带肋钢筋套筒挤压连接技术规程》。

A 级：抗拉强度达到或超过母材抗拉强度标准值，并具有优良的延性及反复拉压性能的接头。

B 级：抗拉强度达到或超过母材抗拉强度标准值的 1.35 倍，并具有一定的延性及反复拉压性能的接头。

挤压接头的等级应根据结构的重要性、受力情况和接头位置进行选择。A 级适用于房屋建筑和一般构筑物的混凝土结构中要求充分发挥钢筋强度或对接头延性要求较高的部位。B 级接头适用于上述结构中钢筋受力较小或对接头延性要求不高的部位。

1. 钢套筒

钢套筒的材料宜选用强度适中、延性好的优质钢材，其力学性能应符合下列要求：$R_{eL}=225\sim350$ MPa，$R_m=375\sim500$ MPa，$A\geqslant20\%$。

考虑到套筒的尺寸及强度偏差，套筒的设计屈服承载力和极限承载力比钢筋的标准屈服承载力和极限承载力大 10%。

钢套筒的规格和尺寸应符合表 4—5 的规定。其允许偏差：外径±1%（且不大于±0.5 mm），壁厚+12%、−10%，长度±2 mm。

表 4—5　　钢套筒的规格和尺寸

钢套筒型号	钢套筒尺寸（mm）			压接标志道数
	外径	壁厚	长度	
G40	70	12	240	8×2
G36	63	11	216	7×2
G32	56	10	192	6×2

续表

钢套筒型号	钢套筒尺寸（mm）			压接标志道数
	外径	壁厚	长度	
G28	50	8	168	5×2
G25	45	7.5	150	4×2
G22	40	6.5	132	3×2
G20	36	6	120	3×2

挤压接头所用套筒的尺寸与材料应与一定的挤压工艺配套，必须经生产厂型式检验认定。施工单位采用经过型式检验认定的套筒及挤压工艺进行施工，不要求对套筒原材料进行力学性能检验。

2. 挤压工艺

（1）准备工作

①钢筋端头的锈、泥沙、油污等杂物应清理干净。

②钢筋与套筒应进行试套，如钢筋有马蹄、弯折或纵肋尺寸过大者，应预先矫正或用砂轮打磨；不同直径钢筋套筒不得串用。

③钢筋端部应划出定位标记与检查标记。定位标记与钢筋端头的距离为钢套筒长度的一半，检查标记与定位标记的距离一般为 20 mm。

④检查挤压设备情况，并进行试压，符合要求后方可作业。

（2）挤压作业。钢筋挤压连接宜先在地面上挤压一端套筒，在施工作业区插入待接钢筋后再挤压另一端套筒。

压接钳就位时，应对正钢套筒压痕位置的标记，并应与钢筋轴线保持垂直。

压接钳施工顺序由钢套筒中部顺次向端部进行。每次施压时，主要控制压痕深度。

（3）工艺参数。在选择合适材质和规格的钢套筒以及压接设备、压模后，接头性能主要取决于挤压变形量这一关键的工艺参数。挤压变形量包括压痕最小直径和压痕总宽度，见表 4—6 和表 4—7。

表 4—6　　同规格钢筋连接时的参数选择

连接钢筋规格（mm）	钢套筒型号	压模型号	压痕最小直径允许范围（mm）	压痕最小总宽度（mm）
ϕ40－ϕ40	G40	M40	60～63	≥80
ϕ36－ϕ36	G36	M36	54～57	≥70
ϕ32－ϕ32	G32	M32	48～51	≥60
ϕ28－ϕ28	G28	M28	41～44	≥55
ϕ25－ϕ25	G25	M25	37～39	≥50
ϕ22－ϕ22	G22	M22	32～34	≥45
ϕ20－ϕ20	G20	M20	29～31	≥45
ϕ18－ϕ18	G18	M18	27～29	≥40

表 4—7　　不同规格钢筋连接时的参数选择

连接钢筋规格（mm）	钢套筒型号	压模型号	压痕最小直径允许范围（mm）	压痕最小总宽度（mm）
ϕ40－ϕ36	G40	ϕ40 mm 端 M40	60～63	≥80
		ϕ36 mm 端 M36	57～60	≥80
ϕ36－ϕ32	G36	ϕ36 mm 端 M36	54～57	≥70
		ϕ32 mm 端 M32	51～54	≥70
ϕ32－ϕ28	G32	ϕ32 mm 端 M32	48～51	≥60
		ϕ28 mm 端 M28	45～48	≥60
ϕ28－ϕ25	G28	ϕ28 mm 端 M28	41～44	≥55
		ϕ25 mm 端 M25	38～41	≥55
ϕ25－ϕ22	G25	ϕ25 mm 端 M25	37～39	≥50
		ϕ22 mm 端 M22	35～37	≥50

续表

连接钢筋规格（mm）	钢套筒型号	压模型号	压痕最小直径允许范围（mm）	压痕最小总宽度（mm）
ϕ25－ϕ20	G25	ϕ25 mm 端 M25 ϕ20 mm 端 M20	37～39 33～35	≥50 ≥50
ϕ22－ϕ20	G22	ϕ22 mm 端 M22 ϕ20 mm 端 M20	32～34 31～33	≥45 ≥45
ϕ22－ϕ18	G22	ϕ22 mm 端 M22 ϕ18 mm 端 M18	32～34 29～31	≥45 ≥45
ϕ20－ϕ18	G20	ϕ20 mm 端 M20 ϕ18 mm 端 M18	29～31 28～30	≥45 ≥45

压痕总宽度是指接头一侧每一道压痕底部平直部分宽度之和。该宽度应在表 4—6 和表 4—7 规定的范围之内。小于这一宽度，接头的性能达不到要求；大于这一宽度，钢套筒的长度要增加。压痕总宽度一般由各生产厂家根据各自设备、压模刃口的尺寸和形状，通过在其所售钢套筒上喷上挤压道数标志或出厂技术文件中确定。

在实际工程中，由现场操作者控制的主要是压痕最小直径，它应在表 4—6 和表 4—7 规定的范围之内。压痕最小直径大于这一范围，即变形太小，会使钢套筒与钢筋横肋咬合小，抱紧不够，接头受拉时，钢筋会从套筒中滑出或接头强度达不到要求；小于这一范围，钢套筒发生了过大的塑性变形，在压痕处就有可能引起破裂或由于硬化而变脆，也有可能会由于压痕处套筒太薄，拉伸时可能在此压痕处被拉断，还会加重设备的超负荷。当钢筋横肋或钢套筒壁厚为负偏差时，压痕最小直径应取此范围的较小值；反之应取较大值。

压痕最小直径一般是通过挤压机上的压力表读数来间接控制的。由于钢套筒的材质不同，造成其硬度、韧性等也不同，因此会造成挤压至所要求的压痕最小直径时所需要的压力也不同。实际挤压时，压力表读数一般为 60～70 MPa，也有的在 54～80 MPa 之间，这就要求操作者在挤压不同批号和炉号的钢套筒时必须进行试压，以确定压到标准所要求的压痕直径时所需的压力值。

3. 质量检查

工程中应用带肋钢筋套筒挤压接头时，应由技术提供单位提交有效的型式检验报告与套筒出厂合格证。现场检验一般只进行接头外观检查和单向拉伸试验。

（1）取样数量。同批条件为：材料、等级、型式、规格、施工条件相同。每批的数量为 500 个接头，不足此数时也作为一个验收批。

对每一验收批，应随机抽取 10%的挤压接头作外观检查；抽取 3 个试样作单向拉伸试验。

在现场检验合格的基础上，连续 10 个验收批单向拉伸试验合格率为 100%时，可以扩大验收批所代表的接头数量 1 倍。

（2）外观检查。挤压接头的外观检查应符合下列要求：

①挤压后套筒长度应为 1.10～1.15 倍原套筒长度，或压痕处套筒的外径为 0.8～0.9 倍原套筒外径。

②挤压接头的压痕道数应符合型式检验确定的道数。

③接头处弯折不得大于 4°。

④挤压后的套筒不得有肉眼可见的裂缝。

如外观检查质量合格数大于等于抽检数的 90%，则该批为合格。如不合格数超过抽检数的 10%，则应逐个进行复验。在外观不合格的接头中抽取 6 个试样作单向拉伸试验再判别。

（3）单向拉伸试验。挤压接头试样的钢筋母材应进行抗拉强度试验。接头试样的抗拉强度均应满足 A 级或 B 级抗拉强度的要求；对 A 级接头，试样抗拉强度应大于等于 0.9 倍钢筋母材的实际抗拉强度（计算实际抗拉强度时，应采用钢筋的实际横截面面积）。

如有一个试样的抗拉强度不符合要求，则应加倍抽样复验。

二、锥螺纹套筒连接

锥螺纹套筒连接是将两根待接钢筋端头用套螺纹机做出锥形外螺纹，然后用带锥形内螺纹的套筒将钢筋两端拧紧的钢筋连接方法，如图 4—8 所示。

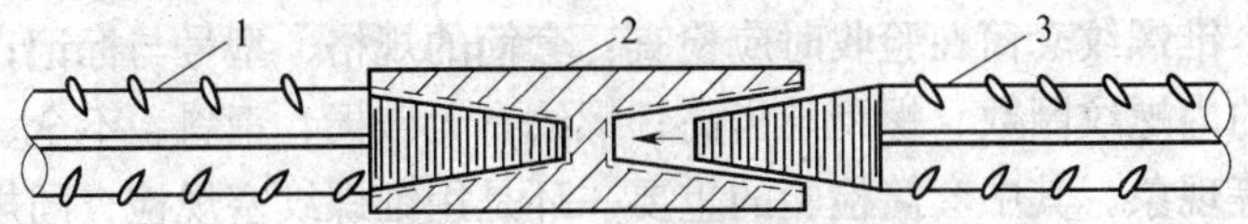

图 4—8　锥螺纹钢筋连接

1—已连接的钢筋　2—锥螺纹套筒　3—未连接的钢筋

这种接头方法具有接头可靠、操作简单、不用电源、全天候施工、对中性好、施工速度快等优点，可连接各种钢筋，不受钢筋种类、含碳量的限制，但所连接钢筋的直径之差不宜大于 9 mm。

这种接头价格适中，成本低于冷挤压套筒连接，高于电渣压力焊和气压焊接头。

1. 机具设备

（1）钢筋套螺纹机。钢筋套螺纹机是加工钢筋连接端的锥螺纹用的一种专用设备。可套制 ϕ16～40 mm 的 HRB335 级、HRB400 级钢筋。

（2）扭力扳手。扭力扳手是保证钢筋连接质量的测力扳手。它可以按照钢筋直径大小规定的力矩值，把钢筋与连接套筒拧紧，并发出声响信号。

（3）量规。量规包括牙型规、卡规和锥螺纹塞规。牙型规是用于检查钢筋连接端的锥螺纹牙型加工质量的量规。卡规是用来检查钢筋连接端的锥螺纹小端直径的量规。锥螺纹塞规是用来检查锥螺纹连接套加工质量的量规。

2. 锥螺纹套筒的加工与检验

锥螺纹套筒的材质：对 HRB335 级钢筋采用 30～40 钢，对

HRB400 级钢筋采用 45 钢。

锥螺纹套筒的尺寸应与钢筋端头锥螺纹的牙型与牙数匹配，并应满足承载力略高于钢筋母材的要求。

锥螺纹套筒的加工宜在专业工厂进行，以保证产品质量。各种套筒外表面均应有明显的钢筋级别及规格标记。套筒加工后，其两端锥孔必须用与其相应的塑料密封装盖封严。

锥螺纹套筒在验收时应检查：套筒的规格、型号与标记；套筒的内螺纹圈数、螺距与齿高；螺纹有无破损、歪斜、不全、锈蚀等现象。其中套筒检验的重要一环是用锥螺纹塞规检查同规格套筒的加工质量，如图 4—9 所示，当套筒大端边缘在锥螺纹塞规大端缺口范围内时，套筒为合格。

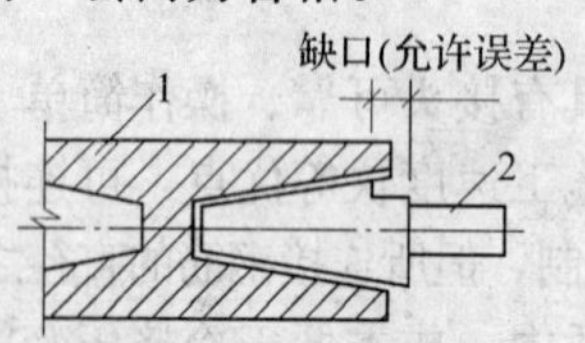

图 4—9　用锥螺纹塞规检查套筒

1—锥螺纹套筒　2—锥螺纹塞规

3. 钢筋锥螺纹的加工与检验

钢筋下料时应采用无齿锯切割。其端头截面应与钢筋轴线垂直，并不得翘曲。将钢筋两端卡于套螺纹机上套螺纹。钢筋套螺纹机所需的完整牙数见表 4—8。套螺纹时要用水溶性切削液进行冷却润滑。对大直径钢筋要分次车削到规定的尺寸，以保证螺纹精度，避免损坏梳刀。

表 4—8　　钢筋套螺纹完整牙数的规定值

钢筋直径（mm）	16～18	20～22	25～28	32	36	40
完整牙数	5	7	8	10	11	12

钢筋锥螺纹的检查：对已加工的螺纹段要用牙型规逐个进行

自检，如图 4—10 所示。要求钢筋螺纹的牙型必须与牙型规吻合，小端直径不超过卡规的允许误差，螺纹完整牙数不得小于规定值。不合格的螺纹，要切掉后重新套螺纹，然后再由质检员按3%的比例抽检，如有一根不合格，要加倍抽检。

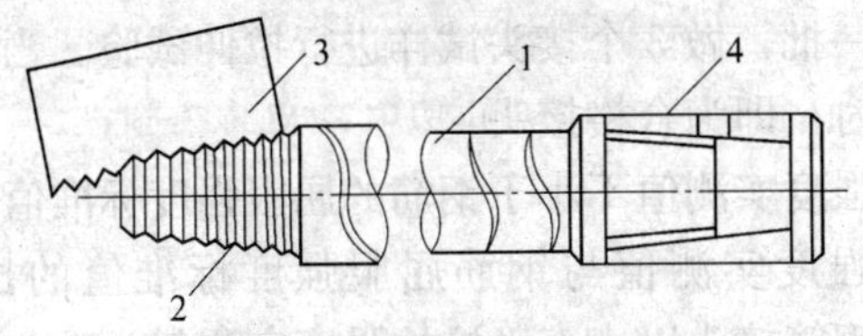

图 4—10　牙型规检查

1—钢筋　2—锥螺纹　3—牙型规　4—卡规

锥螺纹检查合格后，一端拧上塑料保护帽，另一端拧上钢套筒与塑料封盖，并用扭矩扳手将套筒拧至规定的力矩，以利于保护与运输。

4. 锥螺纹钢筋的连接与保护

连接钢筋前，将下层钢筋上端的塑料保护帽拧下来露出丝扣，并将丝扣上的水泥浆等污物清理干净。

连接钢筋时，将已拧套筒的上层钢筋拧到被连接的钢筋上，并用扭力扳手按表 4—9 规定的力矩值把钢筋接头拧紧，直至扭力扳手在调定的力矩值发出响声，并随手画上油漆标记，以防有的钢筋接头漏拧。扭力扳手每半年应核定一次。

表 4—9　连接钢筋拧紧力矩值

钢筋直径（mm）	16	18	20	22	25～28	32	36～40
拧紧力矩（N·m）	118	145	177	216	275	314	343

钢筋拧紧力矩的检查：首先目测已扣住的有油漆标记的钢筋接头丝扣，如发现有一个完整的丝扣外露，应拧紧或进行加固处理。然后用质检用的扭力扳手对接头质量进行抽检。抽检数量对梁、柱构件为每根梁、柱一个接头；对板、墙、基础构件为 3%

(但不少于 3 个)。抽检结果要求达到规定的力矩值。如有一种构件的一个接头达不到规定值，则该构件的全部接头必须重新拧到规定的力矩值。

钢筋接头强度的检查：在正式连接前，按每种规格钢筋接头每 300 个为一批，做 3 个接头试样进行拉伸试验。当接头试样达到下列要求时，即为合格接头：

①屈服强度实测值不小于钢筋的屈服强度标准值。

②抗拉强度实测值与钢筋屈服强度标准值的比值不小于 1.35，异径钢筋接头以小直径抗拉强度实测值为准。

当质检部门对钢筋接头的质量产生怀疑时，可以用非破损张拉设备作接头的非破损拉伸试验。

如有一个锥螺纹套筒接头不合格，则该批构件全部接头采用电弧贴角焊缝方法加以补强，焊缝高度不得小于 5 mm。

三、直螺纹连接

直螺纹连接是在锥螺纹连接的基础上发展起来的一种钢筋连接形式，它与锥螺纹连接的施工工艺基本相似，但它克服了锥螺纹连接接头处钢筋断面削弱的缺点。

1. 施工工艺

直螺纹连接接头制作工艺分为三个阶段：

(1) 钢筋端部镦粗。

(2) 切削直螺纹。

(3) 用连接套筒对接钢筋。

钢筋镦粗用的镦头机能自动实现对中、夹紧、镦头等工序。每次镦头所需时间为 30～40 s，每台班约可镦 500～600 个，镦头操作十分方便简单。镦头机质量约 380 kg，便于运至现场加工。

直螺纹套螺纹也有专用机械，并能严格保持丝头直径和螺纹精度的稳定性，保证与套筒良好的配合和互换性。

现场连接钢筋，利用普通扳手拧紧即可，无须控制力矩，连接方便快捷。

2. 接头类型

直螺纹接头可分为 6 种，型式与使用场合见表 4—10。

表 4—10　　直螺纹接头型式与使用场合

序号	型式	使用场合
1	标准型	正常情况下连接钢筋
2	加长型	用于转运钢筋较困难的场合，通过转运套筒连接钢筋
3	扩口型	用于钢筋较难对中的场合
4	异径型	用于连接不同直径的钢筋
5	正反螺纹型	用于两端钢筋均不能转运而要求调节轴向长度的场合
6	加锁母型	钢筋完全不能转运，通过转运套筒连接钢筋，用锁母锁定套筒

标准型接头是最常用的。套筒长度均为 2 倍钢筋直径，以 ϕ25 mm 钢筋为例，套筒长度为 50 mm，钢筋丝头长度为 25 mm，套筒拧入一端钢筋，并用扳手拧紧后，丝头端面即在套筒中央，再将另一端钢筋丝头拧入并用普通扳手拧紧，利用两端丝头的相互对顶力锁定套筒位置。标准型套筒规格尺寸见表 4—11。

表 4—11　　标准型套筒规格尺寸

钢筋直径（mm）	套筒外径（mm）	套筒长度（mm）	螺纹规格（mm）
20	22	40	M25×2.5
22	34	44	M25×2.5
25	39	50	M29×3.0
28	43	56	M32×3.0
32	49	64	M36×3.0
36	55	72	M40×3.5
40	61	80	M45×3.5

扩口型接头是在连接套筒的一端增加 5～6 mm 长的 45°角的扩口段，以利于钢筋对中入扣。

为了充分发挥钢筋母材的强度，连接套筒的设计强度应大于等于钢筋抗拉强度标准值的1.2倍。

复习思考题

1. 什么是闪光对焊工艺？

2. 利用闪光对焊工艺对两根直径为20 mm的钢筋进行焊接，并进行质量检查。

3. 什么是电阻点焊（接触点焊）？

4. 什么是电弧焊？

5. 什么是钢筋套筒挤压连接？

6. 什么是锥螺纹套筒连接？

7. 什么是直螺纹连接？

第五单元　预应力钢筋加工

学习要求：

- 掌握预应力钢筋制作的操作要点和注意事项
- 掌握先张法和后张法的施工工艺、操作要点和注意事项
- 掌握常用张拉机具设备的适用范围及使用方法

预应力混凝土是在混凝土构件或结构中对高强度钢筋进行张拉，使混凝土获得预压力，从而提高构件的抗裂性和刚度，节约材料、降低造价，扩大钢筋混凝土结构的应用范围。

施加预应力的方法可分为先张法和后张法两种。先张法是在混凝土浇筑前张拉钢筋，预应力靠钢筋和混凝土之间的黏结力传递给混凝土。后张法是在混凝土达到一定强度后张拉钢筋，预应力靠锚具传递给混凝土。在后张法中，预应力钢筋又分为有黏结筋和无黏结筋两种。

模块一　预应力钢筋的制作

预应力钢筋应采用碳素钢丝、刻痕钢丝、钢绞线和热处理钢筋，以及冷拉Ⅱ、Ⅲ、Ⅳ级钢筋。对中小型构件中的预应力钢筋，可采用甲级冷拔低碳钢丝。

一、预应力钢筋镦头工艺

在预应力混凝土结构中，预应力钢筋可用锚具来锚固，也可将钢筋端头镦粗，靠镦头来锚固。

钢筋（丝）的镦粗一般有两种方法：一种是用对焊机或电热镦头机进行热镦，另一种是冷镦。

1. 热镦（电热镦粗）

热镦适用于镦粗钢筋直径在 12 mm 以上的Ⅱ、Ⅲ、Ⅳ级钢筋。

（1）电热镦头的工具和设备。电热镦粗钢筋可在 UV－100 型手动对焊机上进行，分为端头镦粗和中部镦粗，如图 5—1 所示。镦粗处一般为钢筋直径的 1.5～1.8 倍。

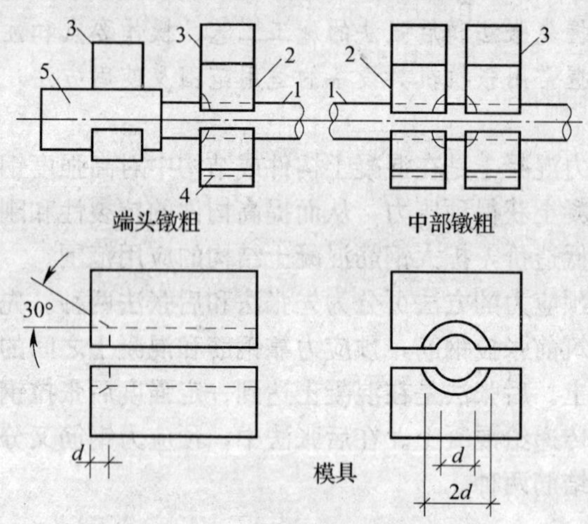

图 5—1　电热镦粗

1—钢筋　2—紫铜模具　3—对焊机压头

4—调整垫片　5—紫铜

在对焊机上进行端头镦粗时，需要制备两个模具，一个为端面平整的紫铜短棒，另一个为夹钢筋用的有喇叭口的紫铜模具；中部镦粗时，两端均为有喇叭口的紫铜模具。

（2）操作要点

①先将钢筋端部约 130 mm 范围内除锈、磨平。

②将紫铜短棒和钢筋分别夹入模具中，根据钢筋直径 d 的

大小留出一定的镦粗留量（一般为 $1.5d \sim 2.0d$），然后移动操纵杆，使钢筋与紫铜短棒相接，在一定压力下进行多次脉冲式通电加热，在钢筋端部发红变软后交替加热加压，直至镦粗留量全部压缩为止。

（3）电热镦粗的注意事项

①镦粗前，钢筋端头处的铁锈要除净，钢筋端头要磨平，不能有弯曲；电极要夹紧，以免爆火而烧伤钢筋，使钢筋强度下降，钢筋镦头脆断。

②镦粗时，通电加压应根据钢筋软化程度缓慢均匀进行，每次断续通电时间要短，压力要小。为防止钢筋过软而成形不良，要严格控制温度。

③钢筋的中心线必须对准紫铜棒的中心线。

④镦粗后，Ⅱ、Ⅲ级钢筋可不进行回火处理，Ⅳ级钢筋必须进行通电热处理，以消除脆性。

⑤钢筋在电热镦粗时，要注意防雨、防潮，避免骤然冷却而使钢筋脆断。

2. 冷镦

（1）冷冲镦粗

①适用范围。适用于冷拔低碳钢丝的镦粗。

②机具和设备。机械式冷镦设备可分为手动和电动两种。

SD—5 型手动冷镦器如图 5—2 所示，适用于小型预制厂长线台座。

YD—5 型移动式电动冷镦机如图 5—3 所示，适用于预制厂长线台座，也可用于其他冷镦生产。

③操作工艺。采用手动冷镦器时，先扳动夹具开合扳手，使夹具张开，将钢丝插入，直抵活塞。放松开合扳手，将钢丝自动夹住，然后扳动偏心轴手柄冷镦钢丝。最后将手柄复位，扳动夹具开合扳手，即可取出已镦头的钢丝。当冷镦不同直径的钢丝时，应调整夹具连接螺母，使钢丝有相应的镦锻预留长度。直径

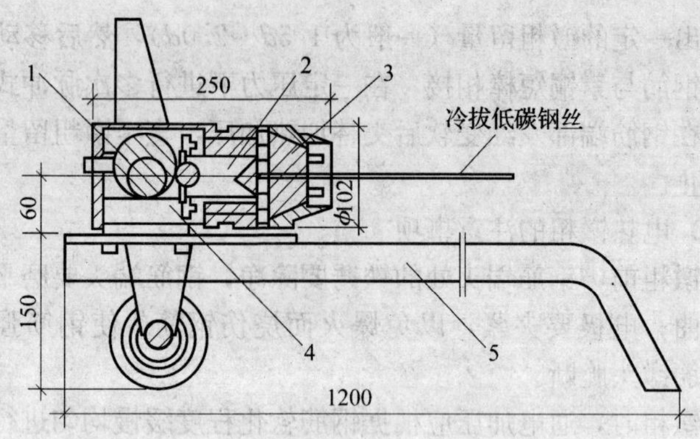

图 5—2　SD—5 型手动冷镦器

1—偏心轴　2—镦头活塞　3—夹具　4—壳体　5—小车架

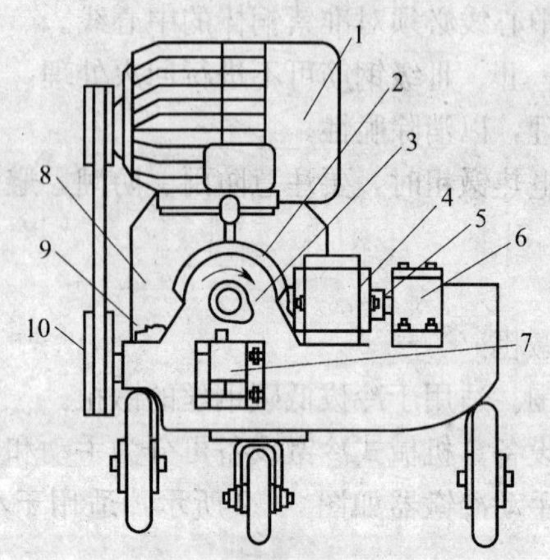

图 5—3　YD—5 型移动式电动冷镦机

1—电动机　2—镦头凸轮　3—切断凸轮　4—镦头活塞
5—镦头模　6—夹具　7—切刀　8—蜗轮箱
9—弹簧　10—带轮

为 3 mm、4 mm、5 mm 的钢丝，预留长度相应为 8～9 mm、10～11 mm、12～13 mm。

采用电动冷镦机时，先开动电动机，使冷镦机进入工作状态。待夹具张开后，将钢丝插入，冷镦机即自动完成夹紧、镦头过程。待夹具再张开时，即可取出已镦头的钢丝。当冷镦不同直径的钢丝时，应调整镦头模与夹具的距离，使直径为 4 mm、5 mm 的钢丝分别有 10～11 mm 和 12～13 mm 的镦锻预留长度。

（2）液压冷镦

①适用范围。适用于高强钢丝的镦粗。

②机具和设备。目前可使用的定型设备有 LD—10 型钢丝镦头器。

③操作工艺。LD—10 型液压钢丝镦头器是利用液压夹紧装置夹住钢丝，然后推动镦头活塞对钢丝进行冷镦。镦头器还附有切筋器，如图 5—4 所示。使用切筋器时，将镦头锚环、夹片取下，装上切筋装置，可以切断直径小于或等于 12 mm 的钢筋。

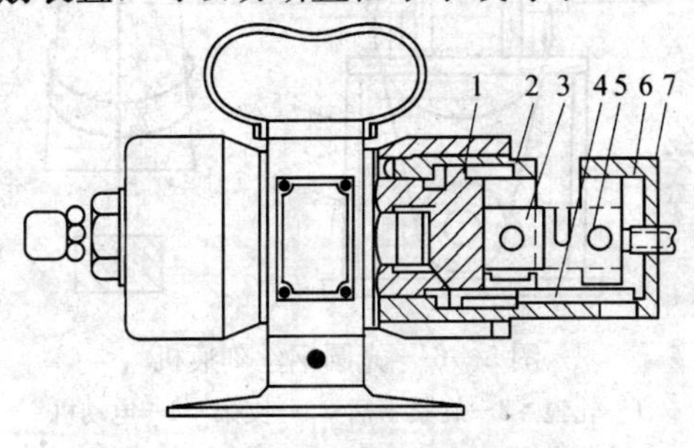

图 5—4　切筋器

1—动刀座　2—动刀座回程弹簧　3—动刀片

4—导向键　5—定刀片　6—定刀座　7—刀架

二、碳素钢丝刻痕

碳素钢丝强度高，在预应力混凝土结构中应用广泛。但因其表面光圆，与混凝土之间的黏结力较差，所以在先张法构件或后张自锚构件中，常将钢丝进行刻痕处理，以增加钢丝与混凝土之间的黏结力。痕形一般为圆弧形，圆弧半径 r＝7 mm，痕距 s＝7 mm，痕深 h＝0.25 mm。刻痕钢丝如图 5—5 所示。

刻痕机一般由机架、电动机、传动装置和一对轧辊组成，光

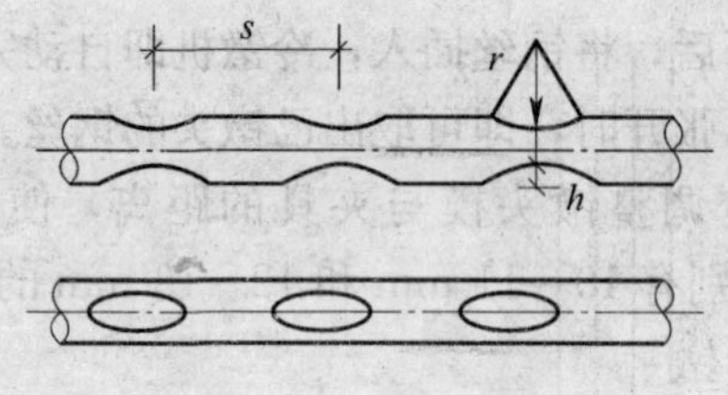

图 5—5　刻痕钢丝

圆钢丝刻痕机如图 5—6 所示。轧辊是刻痕钢丝成形的主要部件，如图 5—7 所示。

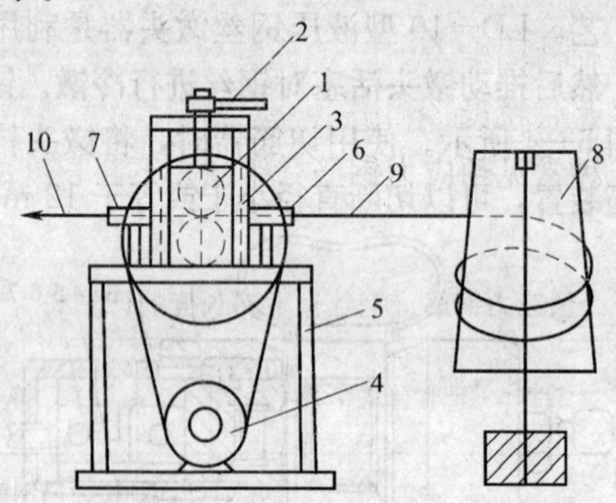

图 5—6　光圆钢丝刻痕机

1—轧辊　2—旋紧手柄　3—支架　4—电动机

5—机座　6—钢丝前导管　7—钢丝后导管

8—转盘　9—光圆钢丝　10—刻痕钢丝

进行刻痕操作时，先将盘圆钢丝放在转盘架上，拉出钢丝穿过前导管，再穿过轧辊和后导管，稍旋紧手柄；开动电动机后再旋紧手柄，在钢丝出来 1 m 时停机，用游标卡尺测量痕深，并调节手柄的松紧程度，使刻痕达到要求的深度。

三、预应力钢筋的下料

1. 预应力钢筋下料长度的计算

预应力钢筋的下料长度应按实际情况，通过计算确定。计算时，应考虑钢筋的品种、锚具形式、焊接接头、镦粗头的压缩、

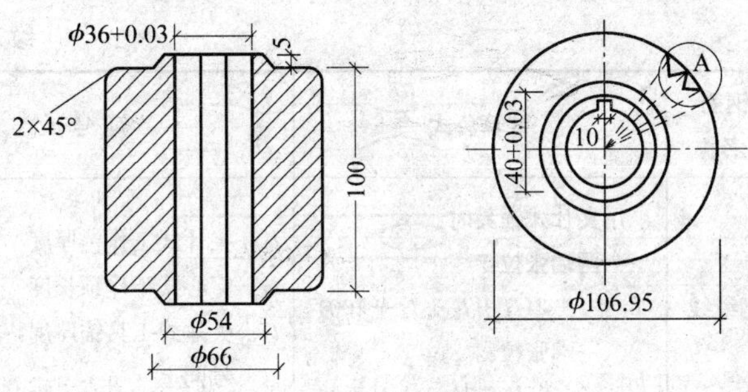

图 5—7　轧辊

冷拉伸长率、弹性回缩率、张拉伸长率、台座长度、构件间隔、构件孔道长度、张拉设备和施工方法等因素的影响，以保证计算长度正确。几种常见预应力钢筋（钢丝）下料长度的计算公式见表 5—1。

表 5—1　　预应力钢筋（钢丝）下料长度的计算式

预应力钢筋（钢丝）名称	计算公式	符 号
预应力粗钢筋	两端用螺纹端杆锚具时： $L_1=l+2l_2$ $L_0=L_1-2l_1$ $L=\dfrac{L_0}{1+\gamma-\delta}+nl_3$ 一端用螺纹端杆，另一端用帮条（或镶头）锚具时： $L_1=l+l_2+l_3$ $L_0=L_1-l_1$ $L=\dfrac{L_0}{1+\gamma+\delta}+nl_0$ 用拉伸机张拉时： 张拉端：$l_2=2H+h+0.5$ 锚固端：$l_2=H+h+1$	L—预应力筋钢筋部分的下料长度 L_0—预应力筋钢筋部分的成品长度 L_1—预应力筋的成品长度 l—构件的孔道长度 l_1—螺纹端杆长度 l_2—螺纹端杆伸出构件外的长度 l_3—镦头或帮条锚具长度（包括垫板厚 h） l_0—每个对焊接头的压缩长度 n—对焊接头的数量 γ—钢筋冷拉长率 δ—钢筋冷拉弹性回缩率

续表

预应力钢筋（钢丝）名称	计算公式	符号
预应力钢绞线	用夹片式锚具时： 两端张拉： $L=l+2(l_1+l_2+l_3+100)$ 一端张拉： $L=l+2(l_1+100)+l_2+l_3$	l_1—夹片式工作锚厚度 l_2—穿心式千斤顶长度 l_3—夹片式工具锚厚度，其余符号同上
长线台座预应力筋	$L_1=l+2l_2$ $L_0=L_1-2l_1-(m-1)l_7$ $L=\dfrac{L_0}{1+\gamma-\delta}+nl_1+2m+l_8$	m—钢筋分段数 l_7—钢筋连接器中间部分的长度 l_8—每个镦头的压缩长度
预应力钢丝束	用钢质锥形锚具时： 两端张拉：$L=l+2（l_1+l_2+80）$ 一端张拉：$L=l+2（l_1+80）+l_2$ 用镦头锚具时： 两端张拉： $L=l+2+2h+2\delta-(H-H_1)-\Delta L-c$ 一端张拉： $L=l+2+2h+2\delta-0.5(H-H_1)-\Delta L-c$ 用锥形螺杆锚具时： $L_1=l+2l_2$ $L=L_1-2l_1+2(l_6+\alpha)$	l_1—锚环厚度 l_2—千斤顶分丝头至卡盘外端距离 h—锚杯底部厚度或锚板厚度 δ—钢丝镦头留量 H—锚杯厚度 ΔL—钢丝束张拉伸长值 c—张拉时构件混凝土的弹性压缩值 l_6—锥形螺杆锚具套筒长度 α—钢丝伸出套筒的长度，其余符号同上

2. 预应力钢筋的下料与编束

(1) 钢丝的下料与编束

①钢丝的下料。钢丝在下料前必须调直。大盘径的钢丝可调

直之后下料。小盘直径的钢丝可采用应力下料，即按钢丝抗拉强度 1/3 的力将钢丝拉紧，在此状态下量出所需的长度，然后放松，再用钢丝钳剪断或用钢锯锯断（注意钢丝端头不能碰弯）。

采用镦头锚具时，同束钢丝下料长度的相对差值不应大于 $L/5000$（L 为钢丝的下料长度），且不大于 5 mm。下料时可采用钢管限位法，即钢丝穿过钢管至另一端角钢限位器时，用 LD—10 型冷镦器切断装置切断，限位器与切断器切口间的距离为钢丝的下料长度。

长度为 6 m 及小于 6 m 的先张法构件，当钢丝采用镦头夹具成组张拉时，下料长度的相对差值不得大于 2 mm。

②钢丝的编束。钢丝在编束前，应逐根检查钢丝两头的直径，同一束钢丝中，直径超出±0.1 mm 的应挑出来。把检查好的钢丝按设计规定的根数摆放在平整的地坪上，将钢丝的一端在挡板上对齐，在距端部 200 mm 和每隔 1 500 mm 处安放梳子板，分别将钢丝钳入梳子板内，然后用 18～20 号铅丝在梳子板处将钢丝编织成束，再每隔 1 500 mm 放一个 ϕ4 mm 或 ϕ5 mm 钢丝弹簧圈作衬件，把钢丝合拢捆扎成束。

（2）钢绞线的下料与编束

①钢绞线的下料。钢绞线在下料前应进行预拉。下料时，把钢绞线拉到所需的长度，并在切割口两侧 50 mm 处用 20 号铅丝绑扎牢固，以免钢绞线切割后松散，然后用砂轮切割机进行切割。

②钢绞线的编束。钢绞线在进行编束时，应将每根钢绞线编号，并按顺序摆放。编束必须在平直状态下进行，具体情况同钢丝编束。

（3）钢筋束的下料长度及编束

①钢筋束的下料。钢筋束的钢筋直径一般在 12 mm 左右，下料在钢筋冷拉和镦粗后进行。

②钢筋束的编束。下料后的钢筋按规定的根数编织成束，方

法同钢丝束。采用镦粗的钢筋束时，在编束时应先将镦头相互错开 100～150 mm，如图 5—8 所示，待穿入孔道后再用锤子将其敲平。

图 5—8　钢筋束镦头间错位示意图

1—铁丝　2—钢筋

模块二　张拉工艺

一、先张法

1. 先张法的施工工艺流程

先张法的施工工艺流程如图 5—9 所示，多用于生产楼板、屋面板等中小型构件。先张法的工艺流程是：先在台座或钢模上张拉预应力钢筋，在两端锚固，然后支模浇筑混凝土，待混凝土达到一定强度（一般为混凝土设计强度的 75%）后，剪断或放松预应力钢筋，此时预应力钢筋回缩挤压混凝土，从而使混凝土获得预压力。先张法构件的预应力是靠钢筋和混凝土之间的黏结力来传递的。先张法的锚具在构件制作完成后可重复使用。

2. 钢筋张拉前的准备工作

（1）计算预应力钢筋的张拉力和相应的伸长值。

（2）校验张拉机具。

（3）准备锚具。

（4）制作和安装模板，并检查模板上的钻孔位置和孔径大小。预应力钢筋为粗钢筋时，模板下面的孔眼与台座面的距离必须准确，以保证钢筋的保护层厚度满足设计要求。

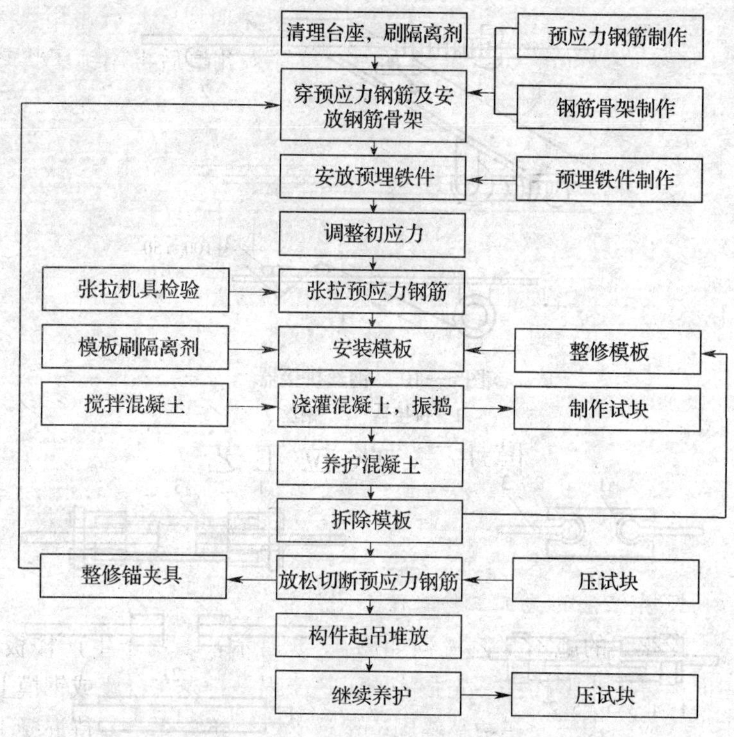

图 5—9　先张法施工工艺流程

（5）制备和涂刷隔离剂。

（6）穿预应力钢筋时，沿台座长度方向，每隔一定距离放置木楞或光圆钢筋头垫起预应力钢筋，以控制保护层厚度，并防止穿钢筋时碰掉隔离剂或污损预应力钢筋。

（7）接长预应力钢筋时，可采用钢丝拼接器接长，钢丝互相搭接约为 50d（d 为钢丝直径），然后用 20～30 号铅丝缠扎约 40d 即可，如图 5—10 所示；也可采用钢筋连接器接长，如图 5—11 所示。

3. 张拉操作要点

预应力钢筋的张拉操作方法应根据预应力钢筋品种和张拉设

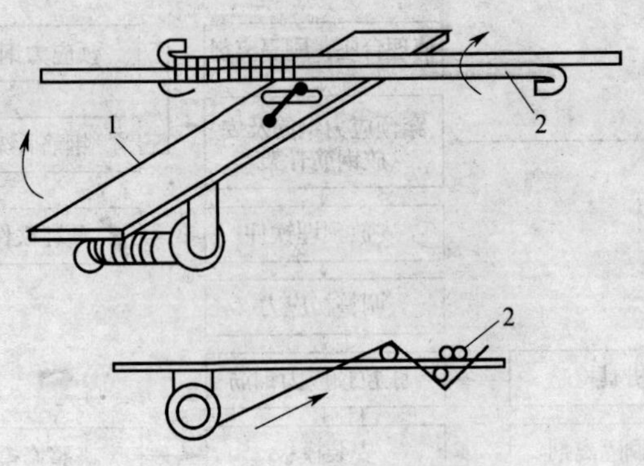

图 5—10　钢丝拼接器

1—拼接器　2—钢丝

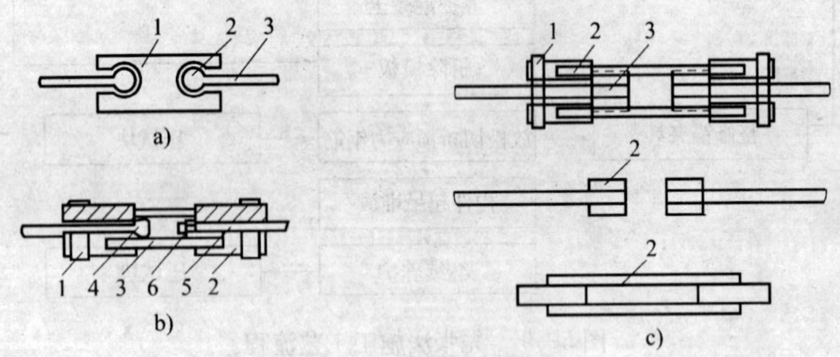

图 5—11　钢筋连接器

a）简易镦头钢筋连接器

1—连接器　2—预应力钢筋　3—镦粗头

b）对拼式套筒连接器

1—钢圈　2—半圆形套筒　3—连接钢筋　4—预应力钢筋

5—螺纹蜗杆　6—螺母

c）双拼式帮带条连接器

1—连接器　2—被连接的钢筋　3—钢圈

备确定。

（1）单根预应力钢丝的张拉。可采用 SL－1 型手动螺杆张拉器、DL－1 型电动螺杆张拉机和平衡重张拉小车张拉预应力钢筋，操作要点见后面张拉设备部分。

（2）成批钢丝的张拉。多根钢丝除用四横梁在台座上成批张拉外，还可在预制厂以机组流水或传送带法生产预应力多孔板，在钢模上采用镦头梳筋板夹具成批张拉，如图 5—12 所示。

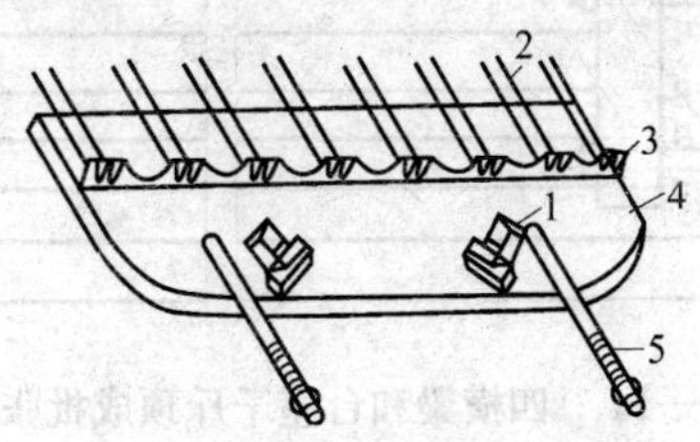

图 5—12　镦头梳筋板夹具

1—张拉钩槽口　2—钢丝　3—钢丝镦头

4—活动梳筋板　5—锚固螺杆

操作要点是：钢丝的两端镦粗，一端卡在固定的梳筋板上，另一端卡在张拉端的活动梳筋板上。用张拉钩（见图 5—13）钩住活动梳筋板，再通过连接导筒将张拉钩和拉杆式千斤顶连接，即可进行张拉。

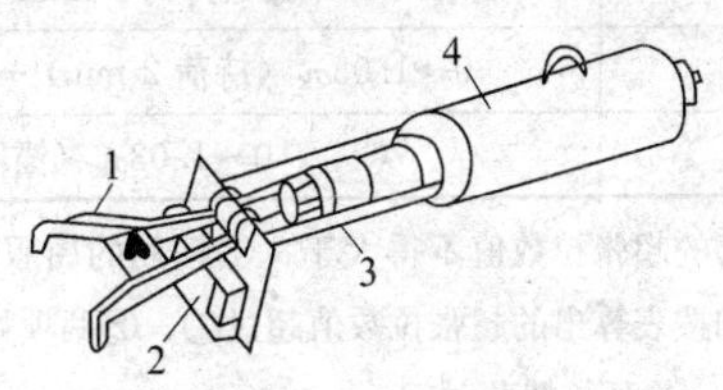

图 5—13　张拉钩

1—张拉钩　2—承力架

3—连接套筒　4—拉杆式千斤顶

（3）单根预应力钢筋的张拉。张拉直径在 12 mm 以上的钢筋，可用 YC－60 或 YL－60 千斤顶在台座上进行，具体操作要点见后面张拉设备部分。

（4）预应力钢筋的成批张拉。粗钢筋或钢丝在台座上一般采用四横梁和台座式千斤顶成批张拉，如图 5—14 所示。

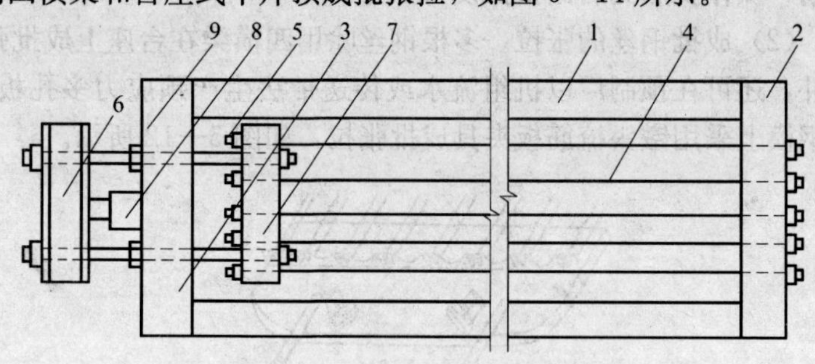

图 5—14　四横梁和台座千斤顶成批张拉

1—台座传力柱　2—后横梁　3—前横梁　4—钢丝或钢筋

5—大螺杆　6、7—拉力架横梁　8—台座千斤顶　9—螺母

先张法预应力钢筋的张拉程序应符合设计要求，当设计无规定时，可按表 5—2 的程序进行张拉。

表 5—2　　先张法预应力钢筋的张拉程序

预应力钢筋的种类	张 拉 程 序
钢筋	0→1.05σ_k（持荷 2 min）→0.9σ_k→σ_k
钢丝	0→1.05σ_k（持荷 2 min）→0→σ_k（锚固）
钢绞线	0→1.03σ_k（锚固）

注：1. 预应力钢筋的超张拉数值不得大于：①钢筋的屈服强度；②钢丝、钢绞线抗拉强度的 75%。如按表算出的超张拉数值超过①、②两项规定时，则分别按①、②两项的规定进行张拉，并延长持荷时间 5 min。

2. 为了保证施工安全，应在超张拉后放松至 0.9σ_k，然后再安装预埋件、其他配筋和模板。

3. 表中 σ_k 为张拉控制应力。

预应力钢筋张拉注意事项：

（1）张拉时应以稳定的速度逐渐加大拉力。

（2）张拉台座的两端应设置防护设施。张拉时应在沿台座长度方向每隔 4～5 m 放置一防护架，两端严禁站人，更不准进入台座。

（3）油泵应放在台座的侧面，操作人员要站在油泵的外侧进行操作。

（4）张拉时，张拉机具应与预应力钢筋放在同一条直线上。同时在台座面上每隔一定距离放一根光圆钢筋头或其他相当于保护层厚度的垫块，以防止预应力钢筋因自重下垂而破坏隔离剂、污损预应力钢筋。

（5）敲击锚具的锥塞或楔块时，用力不应过猛，防止预应力钢筋断裂伤人。

（6）当多根预应力钢筋同时张拉时，必须事先调整初应力，以确保应力一致。

（7）先张拉靠近台座截面重心的预应力钢筋，以免台座承受过大的偏心力。

（8）当施工场地气温低于2℃时，应防止预应力钢筋断裂。

4. 预应力钢筋的放松和切断

（1）预应力钢筋放松的原则和顺序。在放松预应力钢筋之前，应先拆除模板，试压混凝土试块，当混凝土达到一定强度后，方可放松预应力钢筋。若设计无规定时，预应力钢筋的放松顺序可按下列要求进行：

①轴心受预压的构件，所有的预应力钢筋应同时放松。

②偏心受预压的构件，应先同时放松预压力较小区域的预应力钢筋，再同时放松预压力较大区域的预应力钢筋。

③如不能满足前两项要求时，应分阶段、对称、交错地放松预应力钢筋，以防止在放松过程中构件弯曲、裂缝或预应力钢筋断裂。

④长线台座生产钢弦构件时，应从中间开始剪断，再按由上而下的顺序进行。

（2）预应力钢筋放松的方法

①螺杆放松。放松时只要将螺母反向拧动即可，这种方法一

般用于单根预应力钢筋放松，如图 5—15 所示。

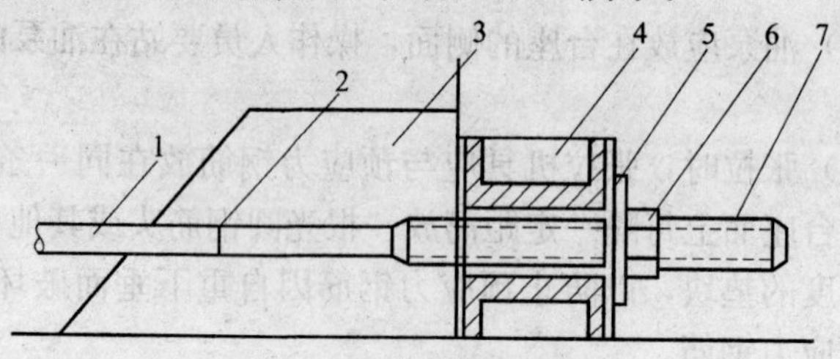

图 5—15　螺杆放松

1—预应力钢筋　2—对焊接头　3—台座　4—钢横梁

5—钢垫板　6—螺母　7—螺纹端杆

②砂箱放松。砂箱预先放置在台座与横梁之间，砂箱内装有石英砂或铁砂。当张拉钢筋时，箱内装砂被挤压密实，承担横梁的压力；当放松钢筋时，应打开出砂口，使砂慢慢滚出，钢筋即慢慢放松。这种方法用于单根预应力钢筋或成批预应力钢筋放松，如图 5—16 所示。

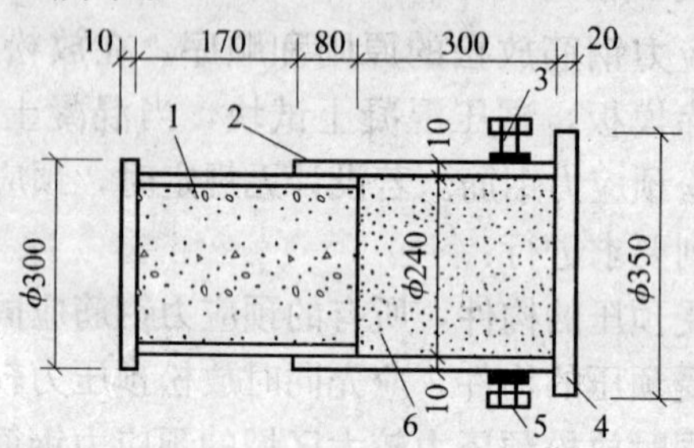

图 5—16　砂箱放松

1—活塞　2—钢套箱　3—进砂口

4—钢套箱底板　5—出砂口　6—砂

③千斤顶放松。在台座固定端的承力架与横梁之间，在张拉钢筋前应预先安装好螺旋式千斤顶或油压千斤顶，如图 5—17 所示。待构件混凝达到强度后，两千斤顶同时回程，使拉紧的钢筋（丝）慢慢回缩，从而放松钢筋的张拉力。

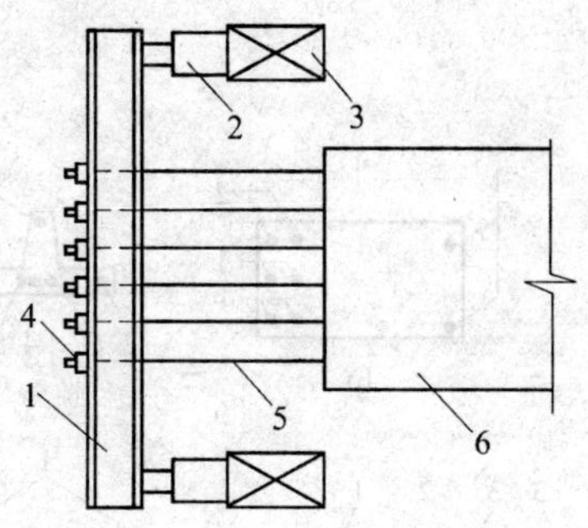

图 5—17　千斤顶放松

1—横梁　2—承力架　3—千斤顶

4—锚具　5—钢丝　6—构件

④楔块（滑块）放松。楔块放松是在台座和横梁之间进行的，应预先放置三块有一定斜度的钢制楔块，如图 5—18 所示。放松时，旋转螺母，使螺杆向上移动，从而使滑块退出，即可慢慢地放松钢筋。

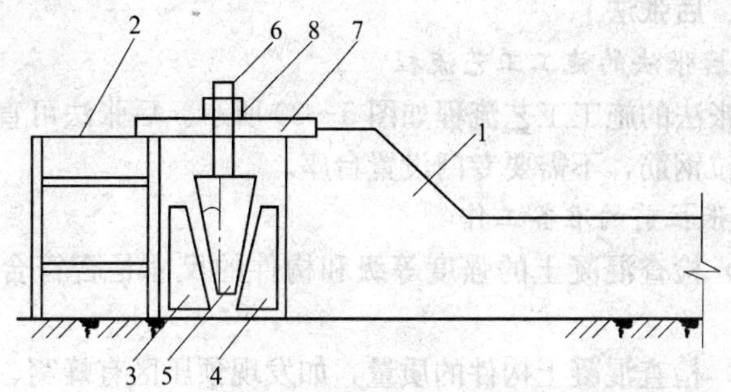

图 5—18　楔块放松

1—台座　2—横梁　3—钢固定楔块　4—钢滑动楔块

5—滑块　6—螺杆　7—承力板　8—螺母

⑤剪断放松。细钢筋或钢丝也可用剪线钳剪断钢筋放松。几种常见构件剪断钢筋的顺序如图 5—19 所示。

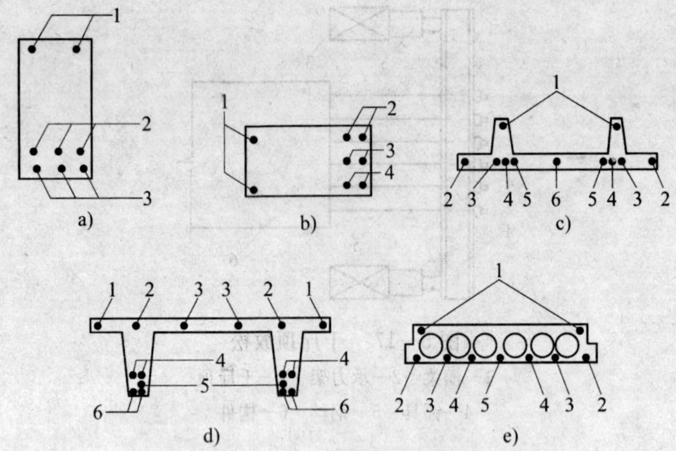

图 5—19　常见构件剪断钢筋的顺序

a）立式浇筑梁　b）卧式浇筑梁　c）挂瓦板

d）双丁形板　e）圆孔板

二、后张法

1. 后张法的施工工艺流程

后张法的施工工艺流程如图 5—20 所示。后张法可直接在构件上张拉钢筋，不需要专门设置台座。

2. 张拉前的准备工作

（1）检查混凝土的强度等级和构件的尺寸是否符合设计要求。

（2）检查混凝土构件的质量，如发现预压区有蜂窝、孔洞等质量问题，必须按规程要求进行补强处理。

（3）检查预留孔道是否畅通，如有堵塞可用清孔器将孔道疏通。

（4）端部预埋件与锚具、垫块接触处的焊渣、毛刺、混凝土残渣等，应清除干净。

（5）穿钢筋（束）前，应用铅丝将水泥纸袋或破布片缠绕在螺纹端杆上，以保护螺纹不受损坏。

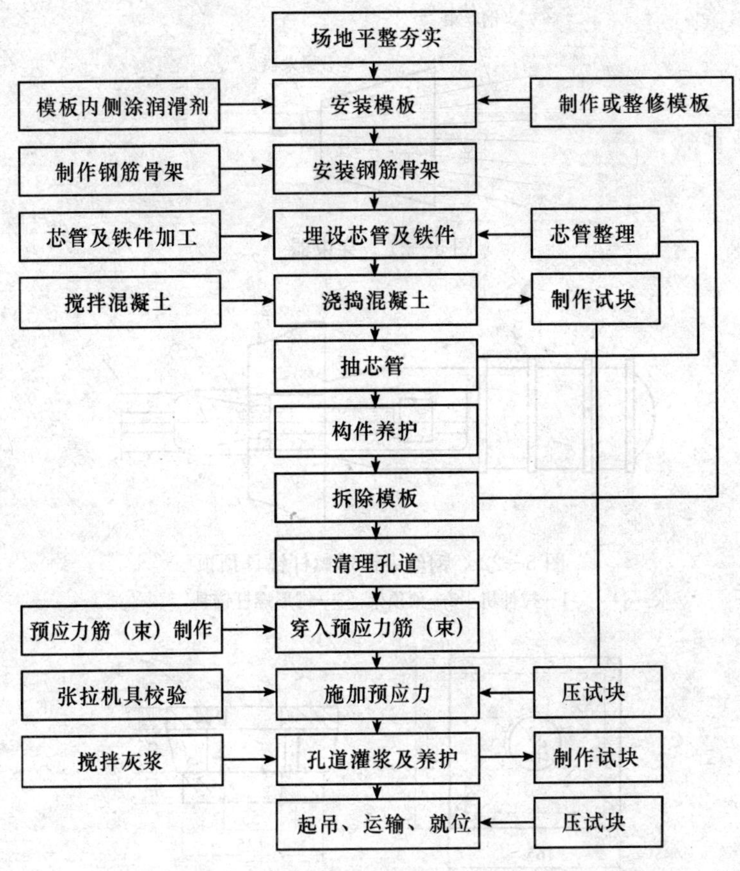

图 5—20　后张法的施工工艺流程

(6) 将钢绞线、钢丝束、钢筋束穿入孔道时，将钢丝按顺序编号，用穿束器套上，如图 5—21 所示，再用引线将穿束器穿过孔道，此时一人在另一端拉动，送入端应保持水平送入孔道，直至两端均露出所需长度为止。

(7) 当采用锥形螺杆锚具时，穿束前应先把一端上锚具预顶架。钢丝束锥形螺杆锚具预顶如图 5—22 所示，锚具预定架如图 5—23 所示。

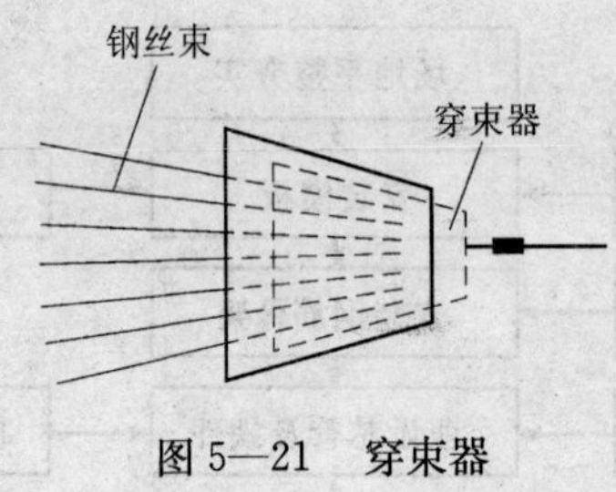

图 5—21　穿束器

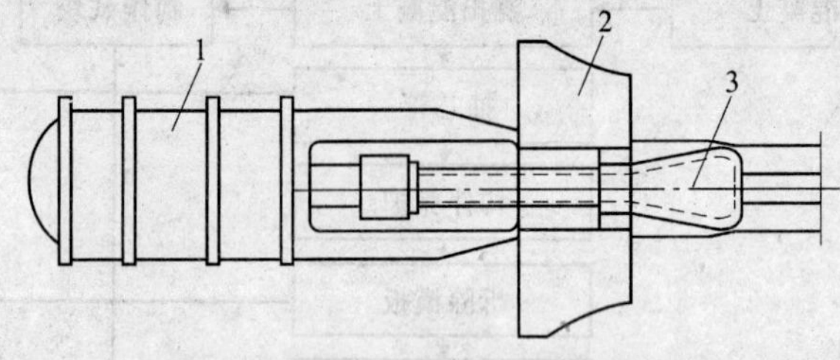

图 5—22　钢丝束锥形螺杆锚具预顶

1—拉伸机　2—预顶架　3—锥形螺杆锚具

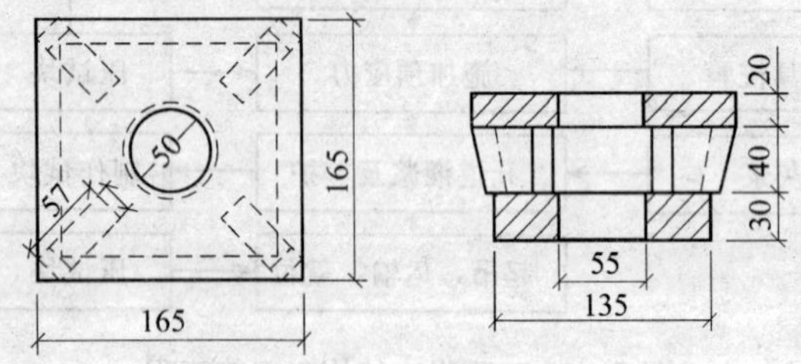

图 5—23　锚具预顶架

3. 张拉原则

(1) 对配有多根预应力钢筋的构件，当不能同时张拉时，应分批、对称地进行张拉。

(2) 对于采用曲线预应力钢筋（束）和长度大于或等于 24 m 的直线预应力钢筋（束），在构件的两端同时张拉。两端同时张拉一根预应力钢筋（束）时，张拉后宜先锚固一端，而另一端在补足张拉后再进行锚固。

(3) 逐根张拉钢筋时，应先张拉靠近截面重心处的预应力钢筋，然后逐步向外对称地进行张拉。

(4) 平卧重叠浇筑的构件，应先上后下逐层进行张拉。

后张法预应力钢筋的张拉程序应符合设计规定，当设计无规定时，可按表 5—3 的程序进行张拉。

表 5—3　　后张法预应力钢筋的张拉程序

预应力钢筋的种类	张拉程序
钢筋、钢绞线	$0 \rightarrow 1.05\sigma_k$（持荷 2 min）
钢丝束	$0 \rightarrow 1.05\sigma_k$（持荷 2 min）$\rightarrow 0 \rightarrow \sigma_k$

注：1. 预应力钢筋的超张拉数值不得大于：①预应力钢筋的屈服强度；②钢丝、钢绞线抗拉强度的 75%。超张拉数值如超过①、②两项的规定时，应分别按①、②两项的规定值进行张拉，并将持荷时间延长至 5 min。

2. 表中的 σ_k 为钢筋的张拉控制应力。

模块三　张 拉 设 备

预应力钢筋的张拉设备是制作预应力混凝土构件时对预应力钢筋施加张拉力的专用设备，目前常用的有各类液压拉伸机和机械式张拉设备。

一、液压拉伸机

液压拉伸机由千斤顶、配套油泵和外接液压油系统等部分组成，本节主要介绍千斤顶。

1. YL60 型千斤顶

YL60 型千斤顶主要由油缸、活塞、拉杆、端盖、撑脚、张拉头和动、静密封圈等部分组成，如图 5—24 所示。

(1) 适用范围。主要用于后张法施工工艺中，张拉单根粗钢筋、钢丝束或碳素钢丝束。

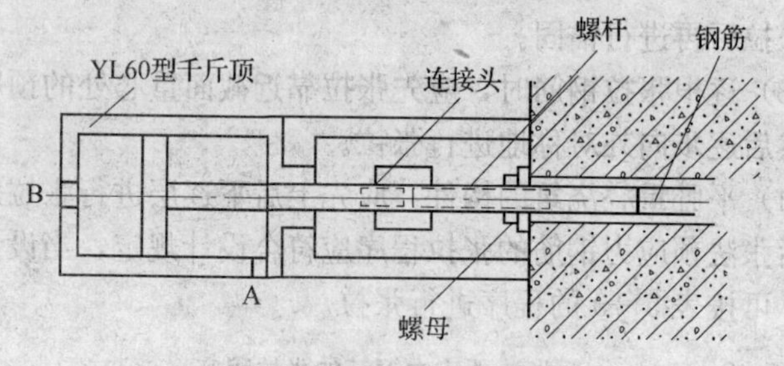

图 5—24 YL60 型千斤顶

(2) 工作原理。张拉预应力钢筋时，应先使连接器与预应力钢筋的螺杆相连接；A 油嘴进油，B 油嘴回油，差动阀的小活塞杆端弹簧回程，锥阀关闭，A、B 油腔隔断。此时，活塞拉杆向左移动张拉预应力钢筋，当预应力钢筋张拉到设计张拉力后，拧紧螺纹端杆锚具的螺母，钢筋张拉工作结束。

2. YC60 型千斤顶

YC60 型千斤顶主要由张拉油缸、顶压油缸、顶压活塞、穿心套、保护套、端盖堵头、连接套、撑套、回程弹簧和动、静密封圈等部分组成，如图 5—25 所示。

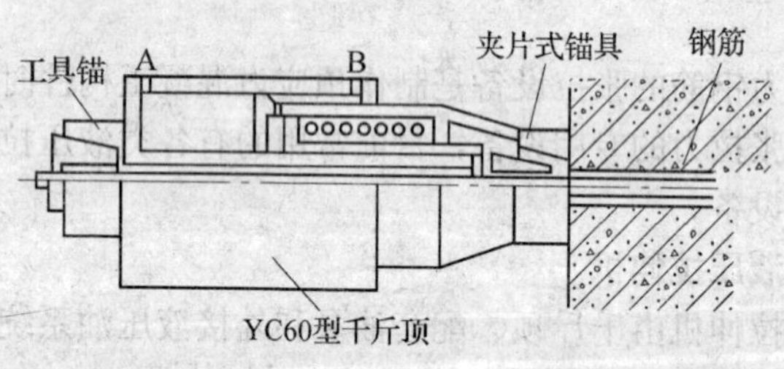

图 5—25 YC60 型千斤顶

(1) 适用范围。主要用于张拉 JM12 型锚具的高强度钢丝束和钢绞线束；配上撑脚与拉杆后，可张拉带螺杆锚具的粗钢筋或带有镦头锚具的钢丝束。

(2) 工作原理。张拉预应力钢筋时，A 油嘴进油，B 油嘴回油，顶压油缸、连接套和撑套连成一体向右移动顶住锚环；张拉油缸、端盖螺母和堵头与穿心套连成一体，带动工具锚向左移动张拉预应力钢筋。

二、机械式张拉设备

机械式张拉设备采用机械传动的方法张拉预应力钢筋，分为手动和电动两种。

1. SL1 型手动螺杆张拉器（见图 5—26）

（1）适用范围。主要适用于规模较小的预制厂在台座上张拉冷拔低碳钢丝。

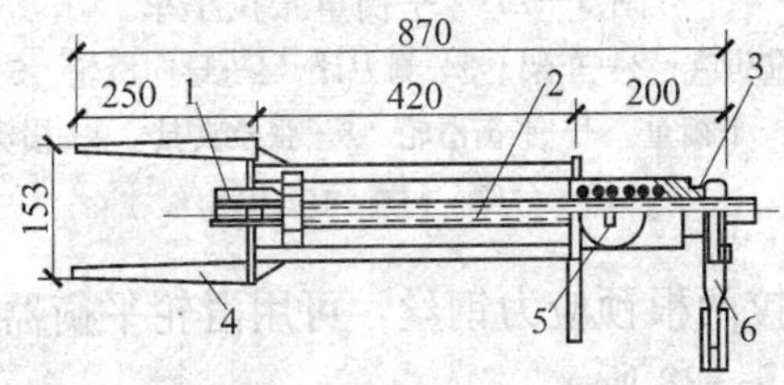

图 5—26　SL1 型手动螺杆张拉器

1—夹具　2—张拉螺杆　3—张拉螺母
4—撑杆支脚　5—测力装置　6—扳手

（2）操作方法。先打开夹具偏心块，将钢丝端部插入并夹牢；再摇动扳手使钢丝受拉，直至达到规定的张拉数值；然后在台座定位板上锚固好钢丝；最后将棘爪换向，摇动扳手放松钢丝。

2. 平衡重张拉小车（见图 5—27）

（1）适用范围。主要用于张拉 $\phi 3 \sim 5$ mm 钢丝。

（2）操作方法。先在荷重盘上放置按计算确定的钢丝张拉力所需荷重，用手拉葫芦将荷重盘提起，使张拉夹具夹住钢丝，然后放下荷重盘张拉钢筋；张拉后拧紧锚固夹具，再提起荷重盘、放松钢丝绳，然后检查钢丝应力，准确无误后即可卸下夹具，张拉结束。

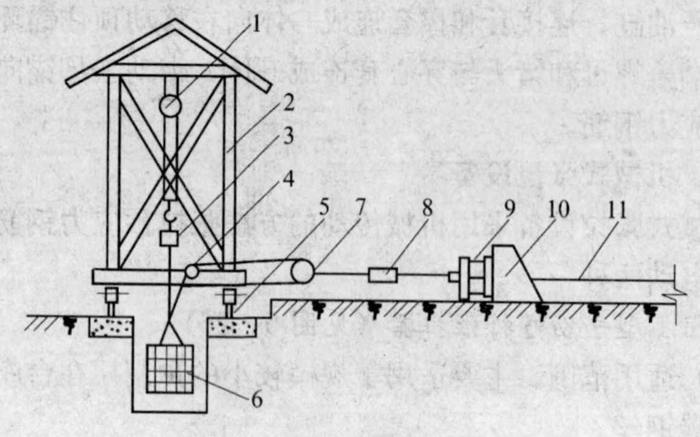

图 5—27　平衡重张拉小车

1—手拉葫芦　2—车架　3—测力计　4—导向滑轮　5—轨道
6—平衡重　7—平衡滑轮　8—张拉夹具　9—横梁
10—台座　11—预应力钢丝

如同时张拉两根预应力钢丝，可用滑轮平衡器张拉，做到张拉一致，如图 5—28 所示。

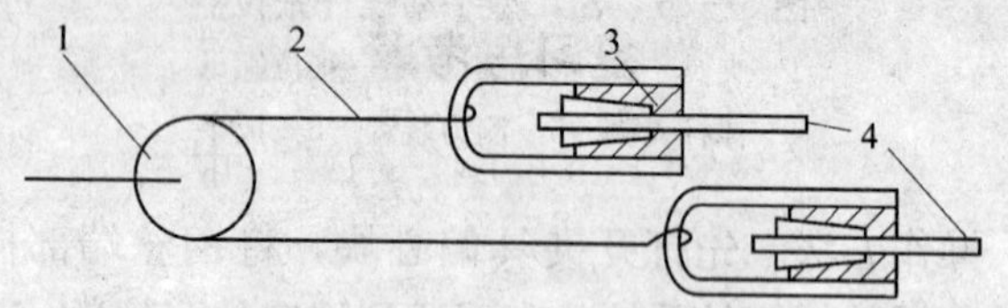

图 5—28　滑轮平衡器

1—平衡滑轮　2—钢丝绳　3—工具式夹具　4—预应力筋

3. DL1 型电动螺杆张拉机（见图 5—29）

（1）适用范围。DL1 型电动螺杆张拉机主要用于预制厂在长线台座上张拉冷拔低碳钢丝。

（2）操作方法。先按要求的张拉力数值调整好测力计算尺，再将钢丝插入钢丝钳中夹牢，启动电动机后螺杆向后移动，钢丝即被张拉。在达到张拉力数值时，电动机自动停止转动。锚固好钢丝，使电动机反向转动。此时，螺杆向前运动，放松钢丝。

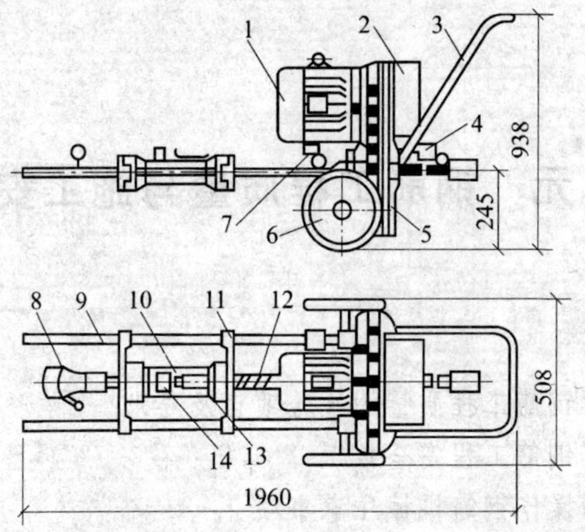

图 5—29　DL1 型电动螺杆张拉机

1—电动机　2—配电箱　3—手柄　4—前限位开关　5—减速箱
6—胶轮　7—后限位开关　8—钢丝钳　9—支撑杆　10—弹簧测力器
11—滑动轮　12—梯形螺杆　13—计量标尺　14—微动开关

复习思考题

1. 将一根直径为 16 mm 的钢筋的端头电热墩粗为直径的 1.5 倍。

2. 怎样进行预应力钢筋的下料?

3. 什么是先张法?

4. 什么是后张法?

5. 简述液压拉伸机的工作原理。

6. 机械式张拉设备有哪些? 简述其工作原理。

第六单元　钢筋工程质量与施工安全知识

学习要求：

- 了解钢筋工程质量的检验项目及要求
- 了解钢筋工程安全常识
- 掌握操作钢筋机械注意事项

模块一　钢筋工程质量

一、工程质量验收的划分

建筑工程质量验收应划分为单位（子单位）工程、分部（子分部）工程、分项工程和检验批。

1. 检验批质量合格应符合下列规定：

（1）主控项目的质量经抽样检验合格。

（2）一般项目的质量经抽样检验合格；当采用计数检验时，一般项目的合格点率应达到80%及以上，且不得有严重缺陷。

（3）具有完整的施工操作依据、质量检查记录。

2. 分项工程质量合格应符合下列规定：

（1）分项工程所含的检验批均应符合合格质量的规定。

（2）分项工程所含的检验批的质量检查记录应完整。

按照建筑工程分部工程、分项工程划分规定，钢筋工程、预应力工程均为分项工程，属于混凝土结构子分部工程，而混凝土结构子分部工程属于主体结构分部工程。

二、钢筋工程质量检验项目

1. 原材料

(1) 主控项目

①钢筋进场时，应按现行国家标准《钢筋混凝土用热轧带肋钢筋》(GB 1499—1998) 等的规定抽取试件进行力学性能检验，其质量必须符合有关标准的规定。

检查数量：按进场的批次和产品的抽样检验方案确定。

检验方法：检查产品合格证、出厂检验报告和进场复验报告。

②对有抗震设防要求的框架结构，其纵向受力钢筋的强度应满足设计要求；当设计无具体要求时，对一、二级抗震等级，检验所得的强度实测值应符合下列规定：

a. 钢筋的抗拉强度实测值与屈服强度实测值的比值不应小于1.25。

b. 钢筋的屈服强度实测值与强度标准值的比值不应大于1.3。

检查数量：按进场的批次和产品的抽样检验方案确定。

检验方法：检查进场复验报告。

③当发现钢筋脆断、焊接性能不良或力学性能显著不正常等现象时，应对该批钢筋进行化学成分检验或其他专项检验。

检验方法：检查化学成分等专项检验报告。

(2) 一般项目。钢筋应平直、无损伤，表面不得有裂纹、油污、颗粒状或片状老锈。

检查数量：进场时和使用前全数检查。

检验方法：观察。

2. 钢筋加工

(1) 主控项目

①受力钢筋的弯钩和弯折应符合下列规定：

a. HPB235 级钢筋末端应做 180°弯钩，其弯弧内直径不应小于钢筋直径的 2.5 倍，弯钩的弯后平直部分长度不应小于钢筋直径的 3 倍。

b. 当设计要求钢筋末端需做 135°弯钩时，HRB335 级、HRB400 级钢筋的弯弧内直径不应小于钢筋直径的 4 倍，弯钩的弯后平直部分长度应符合设计要求。

c. 钢筋做不大于 90°的弯折时，弯折处的弯弧内直径不应小于钢筋直径的 5 倍。

检查数量：对每工作班同一类型钢筋、同一加工设备抽查不应少于 3 件。

检验方法：钢尺检查。

②除焊接封闭环式箍筋外，箍筋的末端应做弯钩，弯钩形式应符合设计要求；当设计无具体要求时，应符合下列规定：

a. 箍筋弯钩的弯弧内直径除应满足受力钢筋的弯钩和弯折的规定外，还应不小于受力钢筋直径。

b. 箍筋弯钩的弯折角度：对一般结构，不应小于 90°；对有抗震等要求的结构，应为 135°。

c. 箍筋弯后平直部分长度：对一般结构，不应小于箍筋直径的 5 倍；对有抗震等要求的结构，不应小于箍筋直径的 10 倍。

检查数量：按每工作班同一类型钢筋、同一加工设备抽查不应少于 3 件。

检验方法：钢尺检查。

(2) 一般项目

①钢筋调直宜采用机械方法，也可采用冷拉方法。当采用冷拉方法调直钢筋时，HPB235 级钢筋的冷拉率不宜大于 4%，HRB335 级、HRB400 级和 RRB400 级钢筋的冷拉率不宜大于 1%。

检查数量：对每工作班同一类型钢筋、同一加工设备抽查不应少于 3 件。

检验方法：观察，钢尺检查。

②钢筋加工的形状、尺寸应符合设计要求，其偏差应符合表

6—1 的规定。

检查数量：对每工作班同一类型钢筋、同一加工设备抽查不应少于 3 件。

检验方法：钢尺检查。

表 6—1　钢筋加工的允许偏差

项目	允许偏差（mm）
受力钢筋顺长度方向全长的净尺寸	±10
弯起钢筋的弯折位置	±20
箍筋内净尺寸	±5

3. 钢筋连接

(1) 主控项目

①纵向受力钢筋的连接方式应符合设计要求。

检查数量：全数检查。

检验方法：观察。

②在施工现场，应按国家现行标准《钢筋机械连接通用技术规程》(JGJ 107—2003)、《钢筋焊接及验收规程》(JGJ 18—2003) 的规定抽取钢筋机械连接接头、焊接接头试件进行力学性能检验，其质量应符合有关规程的规定。

检查数量：按有关规程确定。

检验方法：检查产品合格证、接头力学性能试验报告。

(2) 一般项目

①钢筋的接头宜设置在受力较小处。同一纵向受力钢筋不宜设置两个或两个以上接头。接头末端至钢筋弯起点的距离不应小于钢筋直径的 10 倍。

检查数量：全数检查。

检验方法：观察，钢尺检查。

②在施工现场，应按国家现行标准《钢筋机械连接通用技术规程》(JGJ 107—2003)、《钢筋焊接及验收规程》(JGJ 18—

2003）的规定对钢筋机械连接接头、焊接接头的外观进行检查，其质量应符合有关规程的规定。

检查数量：全数检查。

检验方法：观察。

③当受力钢筋采用机械连接接头或焊接接头时，设置在同一构件内的接头宜相互错开。纵向受力钢筋机械连接接头及焊接接头连接区段的长度为 $35d$（d 为纵向受力钢筋的较大直径）且不小于 500 mm，凡接头中点位于该连接区段长度内的接头均属于同一连接区段。同一连接区段内，纵向受力钢筋机械连接及焊接的接头面积百分率为该区段内有接头的纵向受力钢筋截面面积与全部纵向受力钢筋截面面积的比值。

同一连接区段内，纵向受力钢筋的接头面积百分率应符合设计要求；当设计无具体要求时，应符合下列规定：

a. 在受拉区不宜大于 50％。

b. 接头不宜设置在有抗震设防要求的框架梁端、柱端的箍筋加密区；当无法避开时，对等强度高质量机械连接接头，不应大于 50％。

c. 直接承受动力荷载的结构构件中，不宜采用焊接接头；当采用机械连接接头时，不应大于 50％。

检查数量：在同一检验批内，对梁、柱和独立基础，应抽查构件数量的 10％，且不少于 3 件；对墙和板，应按有代表性的自然间抽查 10％，且不少于 3 间；对大空间结构，墙可按相邻轴线间高度 5 m 左右划分检查面，板可按纵横轴线划分检查面，抽查 10％，且均不少于 3 面。

检验方法：观察，钢尺检查。

d. 同一构件中相邻纵向受力钢筋的绑扎搭接接头宜相互错开。绑扎搭接接头中钢筋的横向净距不应小于钢筋直径，且不应小于 25 mm。

钢筋绑扎搭接接头连接区段的长度为 $1.3l_1$（l_1 为搭接长

度），凡搭接接头中点位于该连接区段长度内的搭接接头均属于同一连接区段。同一连接区段内，纵向钢筋搭接接头面积百分率为该区段内有搭接接头的纵向受力钢筋截面面积与全部纵向受力钢筋截面面积的比值。

同一连接区段内，纵向受拉钢筋搭接接头面积百分率应符合设计要求；当设计无具体要求时，应符合下列规定：

a. 对梁类、板类及墙类构件，不宜大于25%。

b. 对柱类构件，不宜大于50%。

c. 当工程中确有必要增大接头面积百分率时，对梁类构件，不应大于50%；对其他构件，可根据实际情况放宽。

纵向受力钢筋绑扎搭接接头的最小搭接长度应符合规定。

检查数量：在同一检验批内，对梁、柱和独立基础，应抽查构件数量的10%，且不少于3件；对墙和板，应按有代表性的自然间抽查10%，且不少于3间；对大空间结构，墙可按相邻轴线间高度5 m左右划分检查面，板可按纵、横轴线划分检查面，抽查10%，且均不少于3面。

检验方法：观察，钢尺检查。

④在梁、柱类构件的纵向受力钢筋搭接长度范围内，应按设计要求配置箍筋。当设计无具体要求时，应符合下列规定：

a. 箍筋直径不应小于搭接钢筋较大直径的0.25倍。

b. 受拉搭接区段的箍筋间距不应大于搭接钢筋较小直径的5倍，且不应大于100 mm。

c. 受压搭接区段的箍筋间距不应大于搭接钢筋较小直径的10倍，且不应大于200 mm。

d. 当柱中纵向受力钢筋直径大于25 mm时，应在搭接接头两个端面外100 mm范围内各设置两个箍筋，其间距宜为50 mm。

检查数量：在同一检验批内，对梁、柱和独立基础，应抽查构件数量的10%，且不少于3件；对墙和板，应按有代表性的自然间抽查10%，且不少于3间；对大空间结构，墙可按相邻轴线间高度 5 m 左右划分检查面，板可按纵、横轴线划分检查面，抽查 10%，且均不少于 3 面。

检验方法：钢尺检查。

4. 钢筋安装

(1) 主控项目。钢筋安装时，受力钢筋的品种、级别、规格和数量必须符合设计要求。

检查数量：全数检查。

检验方法：观察，钢尺检查。

(2) 一般项目。钢筋安装位置的偏差应符合表 6—2 的规定。

表 6—2　　钢筋安装位置的允许偏差和检验方法

项目			允许偏差(mm)	检验方法
绑扎钢筋网	长、宽		±10	钢尺检查
	网眼尺寸		±20	钢尺量连续三挡，取最大值
绑扎钢筋骨架	长		±10	钢尺检查
	宽、高		±5	钢尺检查
	间距		±10	钢尺量两端、中间各一点
	排距		±5	取最大值
受力钢筋	保护层厚度	基础	±10	钢尺检查
		柱、梁	±5	钢尺检查
		板、墙、壳	±3	钢尺检查
绑扎箍筋、横向钢筋间距			±20	钢尺量连续三挡，取最大值
钢筋弯起点位置			20	钢尺检查
预埋件	中心线位置		5	钢尺检查
	水平高差		+3.0	钢尺和塞尺检查

注：1. 检查预埋件中心线位置时，应沿纵、横两个方向测量，并取其中的较大值。

2. 表中梁类、板类构件上部纵向受力钢筋保护层厚度的合格点率应达到 90% 及以上，且不得有超过表中数值 1.5 倍的尺寸偏差。

检查数量：在同一检验批内，对梁、柱和独立基础，应抽查构件数量的10%，且不少于3件；对墙和板，应按有代表性的自然间抽查10%，且不少于3间；对大空间结构，墙可按相邻轴线间高度5 m左右划分检查面，板可按纵、横轴线划分检查面，抽查10%，且均不少于3面。

三、预应力工程质量检验项目

1. 原材料

（1）主控项目

①预应力筋进场时，应按现行国家标准《预应力混凝土用钢绞线》（GB/T 5224—2003）等的规定抽取试件进行力学性能检验，其质量必须符合有关标准的规定。

检查数量：按进场的批次和产品的抽样检验方案确定。

检验方法：检查产品合格证、出厂检验报告和进场复验报告。

②无黏结预应力筋的涂包质量应符合无黏结预应力钢绞线标准的规定。

检查数量：每60 t为一批，每批抽取一组试件。

检验方法：观察，检查产品合格证、出厂检验报告和进场复验报告。

注：当有工程经验，并经观察认为质量有保证时，可不做油脂用量和护套厚度的进场复验。

③预应力筋用锚具、夹具和连接器应按设计要求采用，其性能应符合现行国家标准《预应力筋用锚具、夹具和连接器》（GB/T 14370—2007）等的规定。

检查数量：按进场批次和产品的抽样检验方案确定。

检验方法：检查产品合格证、出厂检验报告和进场复验报告。

注：对锚具用量较少的一般工程，如供货方提供有效的试验报告，可不做静载锚固性能试验。

④孔道灌浆用水泥应采用普通硅酸盐水泥，其质量应符合规定。孔道灌浆用外加剂的质量应符合规定。

检查数量：按进场批次和产品的抽样检验方案确定。

检验方法：检查产品合格证、出厂检验报告和进场复验报告。

（2）一般项目

①预应力筋使用前应进行外观检查，其质量应符合下列要求：

a. 有黏结预应力筋展开后应平顺，不得有弯折，表面不应有裂纹、毛刺、机械损伤、氧化铁皮和油污等。

b. 无黏结预应力筋护套应光滑、无裂缝，无明显褶皱。

检查数量：全数检查。

检验方法：观察。

注：无黏结预应力筋护套轻微破损者应外包防水塑料胶带修补，严重破损者不得使用。

②预应力筋用锚具、夹具和连接器使用前应进行外观检查，其表面应无污物、锈蚀、机械损伤和裂纹。

检查数量：全数检查。

检验方法：观察。

③预应力混凝土用金属螺旋管的尺寸和性能应符合国家现行标准《预应力混凝土用金属螺旋管》（JG/T 3013—1994）的规定。

检查数量：按进场批次和产品的抽样检验方案确定。

检验方法：检查产品合格证、出厂检验报告和进场复验报告。

注：对金属螺旋管用量较少的一般工程，当有可靠依据时，可不做径向刚度、抗渗漏性能的进场复验。

④预应力混凝土用金属螺旋管在使用前应进行外观检查，其内外表面应清洁，无锈蚀，不应有油污、孔洞和不规则的褶皱，

咬口不应有开裂或脱扣。

检查数量：全数检查。

检验方法：观察。

2. 制作与安装

(1) 主控项目

①预应力筋安装时，其品种、级别、规格、数量必须符合设计要求。

检查数量：全数检查。

检验方法：观察，钢尺检查。

②先张法预应力施工时应选用非油质类模板隔离剂，并应避免沾污预应力筋。

检查数量：全数检查。

检验方法：观察。

③施工过程中应避免电火花损伤预应力筋；受损伤的预应力筋应予以更换。

检查数量：全数检查。

检验方法：观察。

(2) 一般项目

①预应力筋下料应符合下列要求：

a. 预应力筋应采用砂轮切割机或切断机切断，不得采用电弧切割。

b. 当钢丝束两端采用镦头锚具时，同一束中各根钢丝长度的极差不应大于钢丝长度的 1/5 000，且不应大于 5 mm。当成组张拉长度不大于 10 m 的钢丝时，同组钢丝长度的极差不得大于 2 mm。

检查数量：每工作班抽查预应力筋总数的 3%，且不少于 3 束。

检验方法：观察，钢尺检查。

②预应力筋端部锚具的制作质量应符合下列要求：

a. 挤压锚具制作时压力表油压应符合操作说明书的规定，挤压后预应力筋外端应露出挤压套筒 1～5 mm。

b. 钢绞线压花锚成形时，表面应清洁、无油污，梨形头尺寸和直线段长度应符合设计要求。

c. 钢丝镦头的强度不得低于钢丝强度标准值的 98%。

检查数量：对挤压锚，每工作班抽查 5%，且不应少于 5 件；对压花锚，每工作班抽查 3 件；对钢丝镦头强度，每批钢丝检查 6 个镦头试件。

检验方法：观察，钢尺检查，检查镦头强度试验报告。

③后张法有黏结预应力筋预留孔道的规格、数量、位置和形状除应符合设计要求外，还应符合下列规定：

a. 预留孔道的定位应牢固，浇筑混凝土时不应出现移位和变形。

b. 孔道应平顺，端部的预埋锚垫板应垂直于孔道中心线。

c. 成孔用管道应密封良好，接头应严密且不得漏浆。

d. 灌浆孔的间距：对预埋金属螺旋管不宜大于 30 m；对抽芯成形孔道不宜大于 12 m。

e. 在曲线孔道的曲线波峰部位应设置排气兼泌水管，必要时可在最低点设置排水孔。

f. 灌浆孔及泌水管的孔径应能保证浆液畅通。

检查数量：全数检查。

检验方法：观察，钢尺检查。

④预应力筋束形控制点的竖向位置偏差应符合表 6—3 的规定。

表 6—3　　束形控制点的竖向位置允许偏差

截面高（厚）度（mm）	$h \leqslant 300$	$300 < h \leqslant 1\,500$	$>1\,500$
允许偏差（mm）	±5	±10	±15

检查数量：在同一检验批内，抽查各类型构件中预应力筋总

数的5%，且各类型构件均不少于5束，每束不应少于5处。

检验方法：钢尺检查。

注：束形控制点的竖向位置偏差合格点率应达到90%及以上，且不得有超过表中数值1.5倍的尺寸偏差。

⑤无黏结预应力筋的铺设除应符合预应力筋束形控制点的规定外，还应符合下列要求：

a. 无黏结预应力筋的定位应牢固，浇筑混凝土时不应出现移位和变形。

b. 端部的预埋锚垫板应垂直于预应力筋。

c. 内埋式固定端垫板不应重叠，锚具与垫板应贴紧。

d. 无黏结预应力筋成束布置时应能保证混凝土密实并能裹住预应力筋。

e. 无黏结预应力筋的护套应完整，局部破损处应采用防水胶带缠绕紧密。

检查数量：全数检查。

检验方法：观察。

⑥浇筑混凝土前穿入孔道的后张法有黏结预应力筋宜采取防止锈蚀的措施。

检查数量：全数检查。

检验方法：观察。

3. 张拉和放张

（1）主控项目

①预应力筋张拉或放张时，混凝土强度应符合设计要求；当设计无具体要求时，不应低于设计的混凝土立方体抗压强度标准值的75%。

检查数量：全数检查。

检验方法：检查同条件养护试件试验报告。

②预应力筋的张拉力、张拉或放张顺序及张拉工艺应符合设计及施工技术方案的要求，并应符合下列规定：

a. 当施工需要超张拉时，最大张拉应力不应大于国家现行标准《混凝土结构设计规范》（GB 50010—2002）的规定。

b. 张拉工艺应能保证同一束中各根预应力筋的应力均匀一致。

c. 后张法施工中，当预应力筋是逐根或逐束张拉时，应保证各阶段不出现对结构不利的应力状态；同时宜考虑后批张拉预应力筋所产生的结构构件的弹性压缩对先批张拉预应力筋的影响，从而确定张拉力。

d. 先张法预应力筋放张时，宜缓慢放松锚固装置，使各根预应力筋同时缓慢放松。

e. 当采用应力控制方法张拉时，应校核预应力筋的伸长值。实际伸长值与设计计算理论伸长值的相对允许偏差为±6%。

检查数量：全数检查。

检验方法：检查张拉记录。

③预应力筋张拉锚固后实际建立的预应力值与工程设计规定检验值的相对允许偏差为±5%。

检查数量：对先张法施工，每工作班抽查预应力筋总数的1%，且不少于3根；对后张法施工，在同一检验批内，抽查预应力筋总数的3%，且不少于5束。

检验方法：对先张法施工，检查预应力筋应力检测记录；对后张法施工，检查张拉记录。

④张拉过程中应避免预应力筋断裂或滑脱。当发生断裂或滑脱时，必须符合下列规定：

a. 对后张法预应力结构构件，断裂或滑脱的数量严禁超过同一截面预应力筋总根数的3%，且每束钢丝不得超过一根；对多跨双向连续板，其同一截面应按每跨计算。

b. 对先张法预应力构件，在浇筑混凝土前发生断裂或滑脱的预应力筋必须予以更换。

检查数量：全数检查。

检验方法：观察，检查张拉记录。

（2）一般项目

①锚固阶段张拉端预应力筋的内缩量应符合设计要求；当设计无具体要求时，应符合表 6—4 的规定。

表 6—4　　张拉端预应力筋的内缩量限值

锚具类别		内缩量限值（mm）
支承式锚具（镦头锚具等）	螺母缝隙	1
	每块后加垫板的缝隙	1
锥塞式锚具		5
夹片式锚具	有顶压	5
	无顶压	6～8

检查数量：每工作班抽查预应力筋总数的 3%，且不少于 3 束。

检验方法：钢尺检查。

②先张法预应力筋张拉后与设计位置的偏差不得大于 5 mm，且不得大于构件截面短边边长的 4%。

检查数量：每工作班抽查预应力筋总数的 3%，且不少于 3 束。

检验方法：钢尺检查。

4. 灌浆及封锚

（1）主控项目

①后张法有黏结预应力筋张拉后应尽早进行孔道灌浆，孔道内水泥浆应饱满、密实。

检查数量：全数检查。

检验方法：观察，检查灌浆记录。

②锚具的封闭保护应符合设计要求；当设计无具体要求时，应符合下列规定：

a. 应采取防止锚具腐蚀和遭受机械损伤的有效措施。

b. 凸出式锚固端锚具的保护层厚度不应小于 50 mm。

c. 外露预应力筋的保护层厚度：处于正常环境时，不应小于 20 mm；处于易受腐蚀的环境时，不应小于 50 mm。

检查数量：在同一检验批内，抽查预应力筋总数的 5%，且不少于 5 处。

检验方法：观察，钢尺检查。

（2）一般项目

①后张法预应力筋锚固后的外露部分宜采用机械方法切割，其外露长度不宜小于预应力筋直径的 1.5 倍，且不宜小于 30 mm。

检查数量：在同一检验批内，抽查预应力筋总数的 3%，且不少于 5 束。

检验方法：观察，钢尺检查。

②灌浆用水泥浆的水灰比不应大于 0.45，搅拌后 3 h 泌水率不宜大于 2%，且不应大于 3%。泌水应能在 24 h 内全部重新被水泥浆吸收。

检查数量：同一配合比检查一次。

检验方法：检查水泥浆性能试验报告。

③灌浆用水泥浆的抗压强度不应小于 30 MPa。

检查数量：每工作班留置一组边长为 70.7 mm 的立方体试件。

检验方法：检查水泥浆试件强度试验报告。

四、做好常见质量缺陷的防治工作

1. 钢筋原材品种、等级混杂不清

（1）原因。原材管理不善，制度不严，入库之前专职材料人员没有严格把关。

（2）防治。专职材料人员必须认真做好钢材验收工作，仓库内应按钢筋品种、规格大小划分不同堆放区域，并作好明显标志。

2. 钢筋全长有一处或数处慢弯或曲折

（1）原因。条状钢筋运输时装车不注意，运输车辆较短，条状钢筋弯折过度。卸车时吊点不准，堆放压垛过重。

（2）防治。采用车身较长的运输车和拖挂车运输，尽量采用吊架装卸车。如用钢丝绳装卸，捆绑时的位置要合适。堆放时不能过高，上面不准放置其他重物。对已弯折的钢筋可用机械或手工调直，但对于Ⅱ、Ⅲ级钢筋的曲折及调整应特别注意。若出现调整不直或裂缝的钢筋，不得用做受力钢筋。

3. 成形钢筋变形

（1）原因。成形后摔放，地面不平，堆放时过高压弯，搬运方法不当或搬运过于频繁。

（2）防治。成形后或搬运堆放要找平场地，轻拿轻放，搬运车辆应合适，垫块位置恰当，尽量按使用先后顺序堆放，避免翻堆。若变形偏差太大不符合要求，应校正或重新制作。

4. 钢筋代换后，数根钢筋不能均分

（1）表现。表现为在一结构中，同一编号钢筋分几处布置，因进行规格代换后根数变动，不能均分几处。

（2）原因。进行钢筋代换时，没有分析施工图，看清该号钢筋分几处布置，如图样设计为 8ϕ20，根据等面积代换该用 9ϕ18，但施工图上分两处，每处 4 根，9 根就无法均分。

（3）防治。钢筋代换前要分析研究施工图，理解设计意图，如果分几处放置，就要将总根数改分根数，然后按分根数考虑代换方案。如果出现无法均分现象，可以按新方案重新代换，或根据具体条件补充不足部分。

5. 同一截面钢筋接头过多

（1）表现。表现为在已绑扎或安装的钢筋骨架中发现同一截面内受力钢筋接头太多，其截面面积占受力钢筋总截面面积的百分率超出规范规定数值。

（2）原因

①钢筋配料技术人员配料时疏忽大意，没有认真考虑原材长度。

②不熟悉有关绑扎、焊接接头的规定。

③没有分清钢筋位于受拉区还是受压区。

(3) 防治

①配料时首先要仔细了解钢材原材料长度，再根据设计要求选择搭配方案。

②要学习规范，明白同一截面的含义。

③分清受拉区和受压区，若分不清，应都按受拉区设置搭接接头。

④轴心受拉和轴心受压构件中的钢筋接头均采取焊接接头。

⑤现场绑扎时，配料人员要作详细交代，以免放错位置。若发现接头数量不符合规范规定，但未进行绑扎，应重新指定设置方案；已绑扎好的，一般情况下应拆除骨架，重新配制绑扎，或抽出个别有问题的钢筋，返工重做。

6. 现浇肋形楼板的负弯矩钢筋歪斜，甚至倒垂在下部受力钢筋上

(1) 表现。表现为已绑扎好的肋形楼板四周和梁上部的负弯矩钢筋被踩斜。

(2) 原因。一是绑扎不牢；二是只有几根分布筋连接，整体性差，施工中不注意造成人为碰撞。

(3) 防治。负弯矩钢筋按设计图样定位，绑扎牢固，适当放置钢筋支撑，将其与下部钢筋连接，形成整体，刚浇筑混凝土时，采取保护措施，避免人员踩压。对已被压倒的负弯矩钢筋，浇筑混凝土前应及时调整复位加固，不能修整的钢筋应重新制作。

7. 结构预留钢筋锈蚀

(1) 表现。表现为现场柱、梁预留钢筋出现黄色或暗红色锈斑。

（2）原因。梁、柱预留钢筋长期暴露在外，受雨雪侵蚀。

（3）防治。对于工程上梁柱预留钢筋因长期不能进行下道工序施工时，应采取水泥浆涂抹表面或浇筑低等级混凝土，量大时，可搭设防护篷或用塑料布包裹。如出现锈迹，必须用手工或机械除锈；严重锈蚀，视具体情况研究分析后，采取稳妥方案处理。

8. 电弧焊接头尺寸不准

（1）表现

①帮条及搭接接头焊缝长度不足。

②帮条沿接头中心成纵向偏移。

③接头处钢筋轴线弯折和偏移。

④焊缝尺寸不足或过大。

（2）原因。主要是施焊前准备工作没有做好，操作马虎，预制构件钢筋位置偏移过大，钢筋下料不准。

（3）防治。预制构件制作时，应严格控制钢筋的相对位置。

钢筋下料和校对应由专人负责，施焊前认真检查，确认无误后，先点焊预制位置，然后正式焊接。焊接人员应通过考试，持证上岗。

9. 弯起钢筋的放置方向错误

（1）表现。弯起钢筋方向不对，弯起的位置不对。

（2）原因。事先没有对操作人员进行认真的交代，造成操作错误，或在钢筋骨架入模时疏忽大意。

（3）防治。对类似发生操作错误的问题，事先应对操作人员作详细的交代，并加强检查与监督，或在钢筋骨架上挂提示牌，提醒安装人员注意。

10. 箍筋间距不足

（1）表现。箍筋的间距过大或过小，影响施工或工程质量。

（2）原因。图样上所注的间距为近似值，若按此近似值绑扎，则箍筋的间距和根数有出入。此外，操作人员绑前不放线，按大概尺寸绑扎。

（3）防治。绑前应根据配筋图预先算好箍筋的实际间距，并划线作为绑扎的依据。已绑好的钢筋骨架的间距不一致时，可做局部调整，或增加1～2个箍筋。

11. 钢筋搭接长度不够

（1）表现。钢筋绑扎或搭接焊时，搭接长度不够，满足不了设计要求。

（2）原因。现场操作人员对钢筋搭接长度的要求不了解，特别是对新规范不熟悉。

（3）防治。提高操作人员对钢筋搭接长度必要性的认识和掌握搭接长度的标准，操作时对接头应逐个测量，检查搭接长度是否符合要求。

12. 钢筋保护层垫块设置不合格

（1）表现

①垫块厚度不足。

②垫块厚度过厚。

③垫块未放置好。

④垫块强度不足，脆裂。

⑤忘记放置垫块。

（2）措施

①为确保保护层的厚度，钢筋骨架要垫砂浆垫块或塑料定位卡，其厚度应根据设计要求的保护层厚度来确定。

②骨架内钢筋与钢筋之间间距为25 mm时，宜用25 mm的钢筋控制，其长度同骨架宽。所用垫块与25 mm钢筋头之间的距离宜为1 m，不超过2 m。

③对于双向双层板钢筋，为确保钢筋位置准确，要垫以铁马凳，间距1 m。

模块二　一般安全知识

一、安全法规常识

1. 工人上岗前必须签订劳动合同。

2. 新进场的工人必须进行上岗前的“三级”安全教育，即公司教育、项目教育、班组教育。

3. 重新上岗、转岗后重新上岗人员，必须重新经过三级教育后才可上岗工作。

4. 进入施工现场的人员，胸前都必须佩戴安全上岗证，证明已经过安全生产教育，考试合格。

5. 特种作业人员必须经过专门安全培训并取得特种作业资格。

6. 发生事故要立即向上级报告，不得隐瞒不报。

二、劳动保护

1. 正确佩戴安全帽

正确佩戴安全帽必须注意两点：一是安全帽由帽衬和帽壳两部分组成，帽壳与帽衬不能紧贴，应有一定的空隙；二是必须系紧下颚带。当人体发生坠落时，由于安全帽戴在头部，可起到对头部的保护作用。

2. 其他防护用品的使用

凡直接从事带电作业的劳动者，必须穿绝缘鞋，戴绝缘手套，防止发生触电事故。

三、钢筋工程一般安全知识

建筑施工安全是关系到职工健康和企业生存发展的大事，一定要把安全工作做好。

1. 在操作前应检查操作环境是否符合安全要求。例如：道路是否畅通，机具是否完备良好，安全设施是否配套，防护用品是否齐全。经检查合格后，才能上岗操作。

2. 操作用的脚手架、平台未验收前，其他工种人员一律不准上架操作。经验收合格的脚手架不准随意拆改，更不准支搭飞跳板。

3. 大、中、小型机电设备要有专人操作、管理和维修。非专业人员不准安装、拆卸、检修机电设备。

4. 在同一垂直面上遇有上下交叉立体作业时，应设安全隔离层，下方操作人员必须戴安全帽。

5. 高空作业人员要经医生体检合格后，方可上岗操作。

6. 夜间施工时，要有足够的照明设备和亮度。行灯照明应有防护罩，并使用 36 V 以下的安全电压；在金属容器内使用行灯照明要使用 12 V 以下的安全电压。

7. 室内外的井、洞、坑、池、楼梯应设安全护栏或防护盖、罩等设施，任何人不得挪动。

8. 操作时精神要集中，不得在工作面打闹，不准上下投掷物件，不准乘吊车、吊篮上下。

模块三 安全技术

一、操作钢筋机械注意事项

1. 不要将钢筋集中堆放在模板或脚手架的某一部位上，以保安全；特别是悬管构件，更要检查支撑是否稳固；在脚手架上不要随意放置工具、箍筋或短钢筋，避免放置不稳滑下伤人。

2. 操作架上抬钢筋时，两人应同肩，动作应协调，落肩应同时，慢放，防止钢筋弹起伤人。

3. 应尽量避免在高空修整、扳弯粗钢筋，必须操作时，要戴好安全带，选好位置，人要站稳，防止脱扳而致人摔倒。

4. 进行预应力张拉的悬空作业时，必须遵守下列规定：

(1) 进行预应力钢筋张拉时，应搭设站立操作人员和设置张拉设备用的牢固可靠的脚手架和操作平台。雨天张拉时，还应架设防雨棚。

(2) 预应力张拉区域应标示明显的安全标志，禁止非操作人员进入。张拉钢筋的两端必须设置挡板。挡板应距所张拉钢筋的端部 1.5～2 m，且高出最上一组张拉钢筋 0.5 m，其宽度应距张拉钢筋两外侧各不小于 1 m。

(3) 孔道灌浆应按预应力张拉安全设施的有关规定进行。

5. 钢筋冷拉机冷拉场地应在两端地锚外侧设置警戒区，装设防护栏杆及警告标志。严禁无关人员在此停留。操作人员在作业时必须离开钢筋至少 2 m 以外。

二、钢筋运输和堆放的安全技术

1. 人力抬运钢筋时应动作一致，在起落、停止、上下坡道及拐弯时，前后要互相呼应。

2. 人力垂直运送钢筋时，应预先搭设马道，并加护身栏杆。高空作业人员应挂好安全带。

3. 堆放钢筋及钢筋骨架的场地应平整，下垫木楞，并有良好的排水设施。堆放带有弯钩的半成品，最上一层钢筋的弯钩不应朝上，不得损伤成形钢筋。

4. 机械吊运钢筋应捆绑牢固，设专人指挥，吊点的数目和位置应符合要求，严格控制吊装质量；吊运时应采取有效的吊装方法，防止钢筋钩挂脚手架。

5. 在搬运及安装钢筋时须防止碰触电线。现场钢筋不得随意堆放，以免划伤人员。

三、使用张拉机具设备时的安全注意事项

1. 张拉作业

(1) 使用千斤顶时不允许超过规定的负荷和行程。

(2) 千斤顶放置位置必须正确、平正。

(3) 在测量拉伸长度、加楔块和拧螺栓时应先停止作业。

(4) 操作人员应站在两侧操作，免遭钢筋发生断裂伤人的危险。

2. 高压油泵

(1) 使用高压油泵时，不允许超负荷运转，安全阀必须按设备额定油压或使用油压调整好压力，使用中不准随意调整。

(2) 机壳必须接地，在线路绝缘情况检查无误后，才可接通电源，进行试运转。

紫铜管或耐油橡胶管必须耐高压，其工作压力不得高于油泵的额定油压或实际工作的最大油压；油管长度宜大于 2.5 m。若一台油泵同时带动两台千斤顶时，油管规格应保持一致，紫铜管不宜弯曲，焊接接头严密牢固。

四、钢筋加工安全技术

1. 钢筋调直和张拉安全技术

(1) 用卷扬机拉直钢筋或钢丝时，操作前必须检查所用机具及平直设备是否完好正常，冷拉区域内有无障碍物。操作时，在缺少安全挡板的情况下，操作人员必须距离钢筋两侧 2 m 以外，并不得在两端停留。

(2) 使用绞盘拉直钢筋时，应事先检查地锚的牢固程度是否符合要求。在展直盘条时，应一头卡住，防止回弹和预防背扣；在剪断时，应先用脚踩住，以免钢筋崩人。

(3) 使用张拉设备张拉钢筋时，应注意以下安全事项：

①千斤顶、高压油泵等张拉设备应完好，工作正常，不允许超负荷运转，安全设施应符合规定。

②张拉钢筋应严格按照事先计算确定的应力值或伸长率进行，不得随意改动。

③在张拉时，各种锚、夹具要有足够的长度和夹紧能力，防止钢筋或部件滑出伤人。

④在操作过程中，如发生故障应立即切断电源进行检修，待检修合格后方可继续工作。

2. 钢筋切断安全技术

(1) 在人工下料前，应检查大锤、克子的安装是否牢固，打锤时，掌锤和掌克子的人应在对准克子后，脸略偏转，以防发生意外。

(2) 在人工截短料时，不准用手扶，要用 1 m 以上的套管压住钢筋后才准断料。

(3) 使用钢筋切断机切断钢筋时，应事先检查机械的各部件是否完好，所切钢筋的规格、品种是否与机械的性能一致。操作中，应握紧钢筋，防止其末端摆动伤人。禁止在机械运转中用手清除刀口附近的断头或杂物。

3. 钢筋弯曲成形安全技术

(1) 采用人工弯曲时，首先要检查扳子卡口的方正和卡盘是否牢固。在操作中，扳子要放平，靠近扳口的人要压住扳子，防止扳子滑脱伤人。

(2) 使用弯曲机弯曲钢筋时，应先检查机械是否完好，机械技术性能是否与所弯钢筋一致。检查合格后才能起弯。在操作中，要注意互相配合。

(3) 操作场所地面要平整，及时清除积水、积雪及铁丝等杂物。

4. 钢筋冷拉安全技术

(1) 操作前应认真检查设备冷拉的能力、钢筋的冷拉力是否符合要求，严禁设备超载冷拉。

(2) 应经常检查冷拉地锚是否稳固，卷扬机、信号装置、钢丝绳、夹具、滑轮组是否正常；要在钢筋冷拉前排除卷扬机滑动，信号、机械、夹具失灵或钢丝绳断裂等安全隐患。

(3) 冷拉线的两端必须安装防护装置，以防止因钢筋被拉断或从夹具中滑脱而回弹伤人。严禁非操作人员站在冷拉线的两侧，或跨越、触动正在冷拉的钢筋。

(4) 整个冷拉过程应听从统一指挥，操作人员注意力要集中；卷扬机司机要根据规定的信号开车、停车。

5. 钢筋冷拔安全技术

（1）拔丝卷筒用链条挂料时，操作人员应退出链条甩动范围。

（2）拔丝时要慢速开车，逐渐加快。如发现断丝应立即停车，待卷筒完全停转后用手接料。

（3）在拔丝正常运转时，不允许用手捡取拔丝卷筒周围的物件，以防断丝伤人。

（4）在拔丝机运转过程中，操作人员应靠近电源开关，注意力要集中。发现盘圆钢筋打结成乱盘时，应立即切断电源停机，以防止损坏设备。如果不是连续拔丝，应注意防止拔到最后的钢筋末端弹出伤人。

五、焊接安全技术

无论对焊、点焊还是电弧焊，都离不开电。电焊工作中常产生强光、高温，因此，除了必要的防护设备外，操作人员还必须熟悉并遵守相应的安全操作规程。

1. 焊接机械必须装设接地线。焊接电线、焊钳手柄应有可靠的绝缘。移动式焊机胶轮要完好，对焊机和点焊机下应铺设木板或胶板。

2. 焊机的电源部分要妥善围护，防止操作时不慎让钢筋与电源接触，不允许两台焊机使用一个电源刀开关。

3. 应经常注意焊机的使用、维护和保养，以确保正常运转。如发现不正常响声、漏水、漏电等情况，应立即停止工作，进行检修。每次工作完毕，应切断电源，并把焊机清理干净。

4. 在进行点焊、对焊操作前，应先开放冷却水。焊机的出水温度不得超过 40℃，排水量应符合规定要求。工作完毕，应关闭冷却水。

5. 焊接工作间应用防火材料搭设。电焊闪光区两端应设铁皮挡板。电焊工作范围内，严禁堆放易燃、易爆物品，以防引起火灾或爆炸事故。

6. 室内进行电弧焊时，应有排气通风装置。焊工操作处应设挡板，以防弧光刺伤眼睛或皮肤。

7. 焊工必须戴工作帽，穿工作服、绝缘鞋，戴电焊手套、面罩、防护眼镜等防护用品，以防灼眼和烧伤。

8. 大批量焊接时，焊接变压器不得超负荷，变压器升温不得超过 60℃，以免过热而损坏。

9. 雨季在室外操作时，应搭设雨棚。焊机不能受到雨淋，焊件不宜骤冷。

复习思考题

1. 工程质量验收是怎样划分的?
2. 钢筋工程质量检验项目有哪些?
3. 预应力工程质量检验项目有哪些?
4. 怎样做好常见质量缺陷的防治工作?
5. 钢筋工程一般安全知识有哪些?
6. 操作钢筋机械的注意事项有哪些?
7. 使用张拉机具设备时应注意哪些安全事项?

参 考 文 献

1　建设部人事教育司组织编写．钢筋工．北京：中国建筑工业出版社，2007

2　赵永安主编．钢筋工程手册．太原：山西科学技术出版社，2005

3　汤振华主编．钢筋工．北京：中国环境科学出版社，2003

4　游浩主编．建筑工程分项施工工艺表解速查系列手册—混凝土结构工程．北京：中国建材工业出版社，2004

5　张清文主编．钢筋工混凝土工实用手册．南昌：江西科学技术出版社，2003